LE SANG DE LA MANGUE

MARIATU KAMARA | SUSAN MCCLELLAND

Traduit par Hélène Rioux

la courte échelle

Les éditions de la courte échelle inc.
5243, boul. Saint-Laurent
Montréal (Québec) H2T 1S4
www.courteechelle.com

Direction littéraire :
Céline Montet

Révision :
Leïla Turki

Design graphique :
Jean-François Lejeune

Infographie :
Diane Lanteigne

Dépôt légal, 4ᵉ trimestre 2009
Bibliothèque nationale du Québec

Édition originale : *The Bite of the Mango*
Publié en Amérique du Nord par Annick Press Ltd.

La courte échelle reconnaît l'aide financière du gouvernement du Canada par
l'entremise du Programme d'aide au développement de l'industrie de l'édition pour ses
activités d'édition. La courte échelle est aussi inscrite au programme de subvention
globale du Conseil des Arts du Canada et au programme de subvention à la traduction,
et elle reçoit l'appui du gouvernement du Québec par l'intermédiaire de la SODEC.

La courte échelle bénéficie également du Programme de crédit d'impôt pour l'édition de
livres — Gestion SODEC — du gouvernement du Québec.

**Catalogage avant publication de Bibliothèque et Archives nationales du Québec et
Bibliothèque et Archives Canada**

Kamara, Mariatu

    Le sang de la mangue

    Traduction de *The bite of the mango*
    Pour les jeunes de 14 ans et plus

    ISBN 978-2-89651-279-9

    1. Kamara, Mariatu - Ouvrages pour la jeunesse. 2. Sierra Leone - Histoire
- 1991-2002 (Guerre civile) - Récits personnels - Ouvrages pour la jeunesse. 3. Sierra
Leone - Histoire - 1991-2002 (Guerre civile) - Enfants - Biographies - Ouvrages pour
la jeunesse. 4. Victimes de guerre - Sierra Leone - Biographies - Ouvrages pour la
jeunesse. 5. Amputés - Sierra Leone - Biographies - Ouvrages pour la jeunesse
I. McClelland, Susan. II. Titre.

DT516.828.K34A3 2009   j966.404092   C2009-942106-2

Imprimé au Canada

Mariatu Kamara

Mariatu Kamara vit à Toronto, où elle étudie. Elle a été représentante de l'UNICEF pour les enfants dans les conflits armés, puis a créé une fondation destinée à aider les femmes et les enfants sierra-léonais victimes d'abus.

Le sang de la mangue est le résultat d'une étroite collaboration entre Mariatu Kamara et la journaliste Susan McClelland. Pour écrire ce livre, Susan s'est servie d'entretiens au cours desquels Mariatu lui a relaté les épisodes horribles de sa vie, et aussi ses victoires.

À toutes les personnes qui m'ont accompagnée
du début à la fin de ce voyage.
— Mariatu Kamara

À mon grand-père, qui m'a appris à ne jamais mentir et
à dire sans crainte la vérité à « celui qui est mon ange ».
— Susan McClelland

J'aimerais remercier
Kadi et Abou Nabe, leur famille,
mes amis et toute la communauté de la Sierra Leone
et
D^{re} Beth Hedva
Steve Jarosz et 9 Story Entertainment
Joyce Anne Longfellow
Jeff et Rita Rayman
Carolyn Cavalier Rosenberg en mémoire de Debbie Cavalier
Sorious Samura et Insight News TV
Greg et Linda Wolfond
Le Conseil des arts de l'Ontario et UNICEF Canada
— Mariatu Kamara

PRÉFACE

Dans ma culture, on raconte des histoires pour communiquer un savoir, réparer un lien brisé ou transformer la personne qui écoute comme celle qui raconte. L'histoire de Mariatu comprend ces trois éléments. Il y a longtemps que j'attendais un tel récit, un récit nous rappelant toute la force et la résilience de l'esprit humain.

Le sang de la mangue est un récit exceptionnel, écrit avec une sincérité qui glace le sang. Il nous raconte comment une fille de douze ans est devenue la victime d'une des guerres les plus brutales du vingtième siècle. Il nous montre comment elle a survécu et recommencé sa vie après s'être fait voler non seulement son enfance, mais aussi ses deux mains, comment elle a appris à vivre avec ce handicap. Comment se sent-on quand on est au fond du désespoir et qu'on ne peut plus essuyer ses larmes, quand on ne peut plus prendre appui sur rien pour se relever ? Le récit de Mariatu traite d'une époque dure, effroyable ; il nous parle d'innocence perdue, de trahison et de guérison. Mariatu décrit le mode de vie d'un village humble et profondément uni de la Sierra Leone ; elle décrit comment la guerre a transformé son pays en une société remplie de suspicion et de méfiance, comment le voisin s'est tourné contre son voisin, l'enfant contre l'enfant, et l'enfant contre le parent...

Cette histoire émouvante et intemporelle nous est racontée dans une langue simple englobant à la fois l'innocence de l'auteure et son désir désespéré d'amener les gens à prendre conscience de la souffrance des enfants pris dans la folie de la guerre. «C'est difficile de commencer à parler de ce qui est arrivé pendant la guerre mais, une fois qu'on a commencé, il faut continuer », m'a dit Mariatu lorsque nous nous sommes rencontrés en avril 2007. Je crois qu'elle applique le même principe à chaque aspect de sa vie.

En voyant la lumière et la joie qui éclairent le visage de Mariatu, on comprend que son cœur n'a pas renoncé à tout ce qu'elle connaissait. Après avoir rencontré cette jeune femme remarquable, on considère différemment les victimes de la guerre. Les médias mettent souvent l'accent sur les traumatismes qu'elles ont subis et oublient de nous parler de leur aptitude à guérir, de l'humanité demeurée intacte en elles. Profondément humaine, l'histoire de Mariatu nous aide à comprendre comment on peut être à la fois une victime et une survivante, comment on peut changer sa vie et continuer de la vivre intensément.

Je suis très heureux de savoir que, grâce à ce livre, le monde pourra faire la connaissance de Mariatu.

Ishmael Beah
New York, juin 2008

Cartes de l'Afrique et de la Sierra Leone

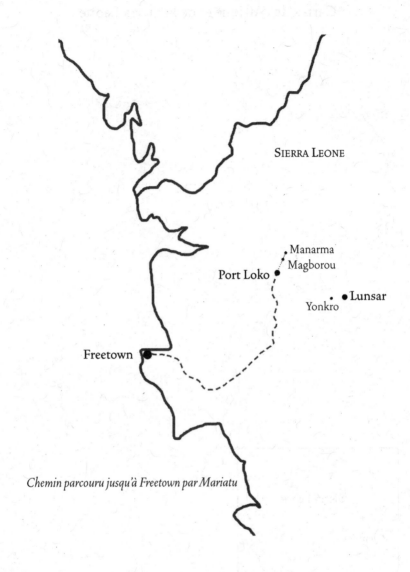

SIERRA LEONE

Manarma
Magborou
Port Loko

Yonkro • Lunsar

Freetown

Chemin parcouru jusqu'à Freetown par Mariatu

CHAPITRE 1

Je m'appelle Mariatu, et voici mon histoire. Elle commence l'année de mes onze ans, quand je vivais avec ma tante, mon oncle et mes cousins dans un petit village de la Sierra Leone.

J'habitais chez Marie, la sœur de mon père, et Alie, son mari, depuis mon plus jeune âge. Je les aimais beaucoup et les appelais affectueusement Ya, ou maman, et Pa, ou papa. Dans mon pays, les enfants de la campagne étaient souvent élevés par d'autres personnes que leurs parents.

Comme la plupart des villages de la Sierra Leone, Magborou était tout petit et ne comptait qu'environ deux cents habitants. Il y avait huit maisons, toutes faites d'argile ; les toits étaient en bois ou en tôle. Chaque maison abritait plusieurs familles. Les adultes dormaient dans les pièces les plus petites, tandis que les enfants dormaient ensemble dans le salon. Chacun mettait la main à la pâte, et les gens s'entraidaient. Les femmes faisaient la cuisine ensemble. Les hommes réparaient le toit des maisons ensemble. Et les enfants partageaient leurs jeux.

Dans mon village, aucun enfant n'allait à l'école. Comme toutes les familles de Magborou, la mienne était très pauvre.

— Nous avons besoin de vous pour les travaux de la ferme, expliquait Marie.

À l'occasion, des enfants de familles et de villages plus riches passaient par Magborou pour se rendre à l'école à Freetown, la capitale

11

de la Sierra Leone. Cela m'attristait, car j'aurais voulu voir de mes propres yeux à quoi ressemblait une grande ville.

À sept ans, j'étais assez forte pour porter sur ma tête des cruches d'eau en plastique et des paniers de paille remplis de maïs. Le matin, je plantais ou je récoltais les produits de notre ferme à l'extérieur de Magborou. Dans les villages, personne ne possédait la terre ; tout le monde la partageait. Tous les quatre ans, nous alternions les plantations de manioc — un genre de pomme de terre —, d'arachides, de riz, de piments et de patates douces.

Même si les personnes qui habitaient chez Marie et Alie n'étaient pas liées par le sang, nous nous considérions comme une famille et nous nous appelions oncle, tante, cousin, cousine. Mohamed et Ibrahim, deux de mes cousins, vivaient déjà au village quand j'y suis arrivée, bébé.

Mohamed avait environ dix-sept ans — je dis environ car, au village, nous ne célébrions pas nos anniversaires et ne possédions aucun document indiquant notre âge. Il était potelé et avait un visage doux, un regard chaleureux. Il essayait toujours de faire rire les autres, même aux funérailles. Quand quelqu'un du village mourait, nous demeurions à la maison, en signe de deuil, pendant trois jours. Durant cette période, personne ne travaillait. Nous restions assis, et les adultes pleuraient. Mais Mohamed entrait et tentait de rendre les larmes moins amères.

— Si les morts vous entendent, disait-il, ils reviendront sous forme de fantômes et ils s'empareront de vos corps.

Cela choquait les gens, et il adoucissait ses propos :

— Écoutez, les gens meurent quand leur heure est venue. Ils ne veulent pas vous voir passer le temps qui vous reste sur terre à pleurer pour eux.

Mohamed avait bon cœur. Quand la nourriture se faisait rare, il nous donnait sa part, à moi ou à un autre enfant plus jeune.

— Mange, me disait-il. Tu es petite et tu dois grandir.

Ibrahim était complètement différent. Il était grand et maigre, et avait à peu près un an de plus que Mohamed. Il aimait exercer son autorité. Aux champs, il fallait toujours qu'il dise aux plus jeunes ce qu'ils devaient faire. Si nous refusions d'obéir, il donnait un coup de pied sur un seau ou une pelle, ou bien il s'en allait, furibond.

À certains moments, il souffrait de convulsions ; ses yeux devenaient vitreux et de l'écume sortait de ses lèvres. Une fois en Amérique du Nord, j'ai découvert que sa maladie s'appelait « épilepsie ».

Magborou était un village plein de vie, avec des chèvres et des poules qui couraient partout. L'après-midi, je jouais à cache-cache avec mes cousins et mes amis, dont une fille qui s'appelait Mariatu, comme moi. Elle et moi sommes devenues amies tout de suite. Nous trouvions amusant de porter le même nom, et les mêmes choses nous faisaient rire. L'année où nous avons eu l'âge de travailler aux champs, Mariatu et moi avons supplié nos familles de nous laisser planter nos légumes à côté l'une de l'autre afin de ne pas être séparées. Le soir, nous dansions au son des tam-tam et des chants. Au moins une fois par semaine, le village se rassemblait pour regarder les gens présenter leur spectacle. Quand ç'a été mon tour de participer, j'ai joué le rôle du diable, vêtue d'un joli costume rouge et noir. J'ai dansé, puis j'ai commencé à poursuivre les gens et à tenter de les effrayer, exactement comme le démon.

Je ne voyais pas souvent mes parents. À dix ans, je leur ai rendu visite à Yonkro, le village où ils habitaient. Un soir, après le repas, alors que nous étions assis sous les étoiles, papa m'a raconté ma vie avant que j'aille habiter chez sa sœur aînée. Les étoiles et la lune brillaient. J'entendais les grillons frotter ensemble leurs longues pattes dans les buissons, et l'arôme de notre souper de piments, de riz et de poulet flottait dans l'air.

— Le jour de ta naissance a été un jour de chance, a commencé papa en fumant sa longue pipe remplie de tabac. Tu es née dans un hôpital.

Je savais que c'était une chose très rare dans notre village.

— Ta mère fumait des cigarettes, beaucoup de cigarettes, et, quand tu as été prête à sortir, elle s'est mise à avoir des crampes et à saigner. Si tu n'étais pas née à l'hôpital, où les infirmières t'ont donné des médicaments pour les yeux, tu aurais été aveugle.

J'ai frissonné en pensant à ce que ma vie aurait été si j'avais été incapable de voir.

Le jour de ma naissance, il pleuvait et il faisait froid.

— Un bon signe, a affirmé mon père en riant. C'est bien de se marier ou d'avoir un enfant un jour de pluie.

Pour gagner sa vie, mon père chassait et vendait la viande au marché dans une ville proche, où des villageois proposaient également leurs légumes. Il ne semble pas avoir été un chasseur très habile : Marie m'a déjà dit qu'il ne gagnait pas beaucoup d'argent. Je savais aussi qu'il avait toujours des ennuis et qu'il allait souvent en prison. La prison était une cage aux barreaux de bois installée au milieu du village de façon que chacun puisse regarder le délinquant.

En Sierra Leone, les filles passaient la plus grande partie de leur temps en compagnie de femmes et d'autres filles, et non avec leur père, leurs grands-pères ou leurs oncles. J'étais contente de parler ainsi avec mon père, et je l'ai écouté attentivement m'expliquer pourquoi j'étais allée vivre chez Marie et Alie.

Comme beaucoup d'hommes en Sierra Leone, mon père avait épousé deux femmes : Sampa était la plus âgée ; la plus jeune, ma mère, s'appelait Aminatu. Avant ma naissance, Sampa avait donné naissance à deux garçons. Tous deux étaient morts moins d'un an après leur venue au monde. Quand Sampa était tombée enceinte pour la troisième fois, mon père avait demandé à Marie si elle accepterait de prendre l'enfant. Il pensait que, de cette façon, l'enfant vivrait. Santigie, mon demi-frère, était né trois ans avant moi.

Santigie était donc allé vivre chez Marie. Peu de temps après, ma mère était tombée enceinte de ma sœur aînée. Cela avait contrarié Sampa. Jalouse, elle voulait recevoir toute l'attention de mon père. Après la naissance de ma sœur, elle lui avait donc gentiment demandé de ramener Santigie à la maison.

Marie était la sœur préférée de papa. Au début, il avait donc refusé de faire revenir Santigie : il savait que Marie en aurait du chagrin. Mais Sampa était devenue de plus en plus hargneuse. Elle avait harcelé mon père jusqu'à ce qu'il finisse par accepter, et Santigie était revenu. Marie en avait eu le cœur brisé.

Désirant le bonheur de Marie et de papa, ma mère avait promis à Marie qu'elle pourrait élever l'enfant qu'elle portait. « J'ignore si cet enfant sera un garçon ou une fille, avait-elle dit. Mais je te donne ma parole que tu pourras le garder pour toujours et dire qu'il est à toi. »

Une fois sevrée, j'étais allée habiter chez Marie. Pour une raison que même mon père avait oubliée, Sampa avait renvoyé Santigie chez Marie. À l'époque, j'avais environ trois ans. Mon demi-frère et moi étions devenus très proches. Nous dormions côte à côte sur des nattes, mangions dans le même grand bol et nous lavions mutuellement le dos dans la rivière. Plus vieux, nous ne cessions de nous taquiner. Mais, trois ans plus tard, Sampa avait exigé le retour de son fils. Il ne voulait pas s'en aller et je ne voulais pas non plus me séparer de lui. Mais Marie et moi avions été obligées de le ramener à sa mère.

À cette époque, Sampa et ma mère se jalousaient et avaient de violentes querelles. On comprenait mal la raison de leurs disputes, car elles parlaient très vite et à tue-tête. Elles se tiraient les cheveux, crachaient et se donnaient des coups de pied. Quand la scène éclatait dans la maison, Santigie et moi reculions en vitesse et nous retrouvions le dos collé au mur. Écarquillant les yeux, nous nous couvrions la bouche de nos mains pour ne pas qu'on nous entende rire. C'était très drôle de regarder deux femmes adultes s'empoigner, leurs yeux lançant des éclairs, leurs postérieurs tressautant, leurs robes retroussées jusqu'à la taille. Quand je voyais Sampa et ma mère s'affronter, je me réjouissais d'être élevée par Marie. J'aurais seulement voulu qu'elle puisse également élever mon demi-frère.

Quelques mois après notre retour à Magborou, Marie et moi avions reçu un message. Santigie était malade. Il avait le ventre gonflé comme celui d'une femme enceinte. Il était si faible qu'il ne pouvait même plus sortir de son lit. La guérisseuse lui avait donné différents médicaments. En vain. À cette époque, mon père n'avait pas assez d'argent pour l'envoyer à l'hôpital. Santigie était mort à la maison au milieu de la nuit.

Il m'est arrivé quelque chose d'étrange après la mort de Santigie. Un jour, comme je revenais à la maison, j'ai eu l'impression d'entendre sa voix m'appeler. Je me suis retournée, mais je n'ai vu personne. Le phénomène s'est répété à plusieurs reprises au cours de l'année suivante. Par la suite, je me suis souvent demandé si Santigie était un esprit qui veillait sur moi.

Le soir où mon père m'a raconté ma petite enfance, il s'est arrêté de parler quand des enfants du village ont commencé à chanter et à jouer du tam-tam. C'était le soir où les habitants de Yonkro se réunissaient pour chanter et danser, raconter des histoires et rapporter des commérages, comme nous le faisions chaque semaine à Magborou.

— Merci, ai-je chuchoté à mon père.

Il a hoché la tête, s'est levé et est allé rejoindre les autres dans la hutte.

Adamsay était la plus jeune fille de Marie. Elle vivait chez ma grand-mère depuis son tout jeune âge. À dix ans, elle était revenue habiter avec nous. J'avais alors sept ans. J'ai bientôt compris pourquoi ma mère et Sampa éprouvaient une telle jalousie l'une à l'égard de l'autre. Je me fâchais quand Marie donnait à Adamsay de nouveaux vêtements ou quelque chose de plus à manger.

— C'est ton enfant et tu l'aimes plus que moi, reprochais-je à ma tante.

— C'est faux.

Si je continuais à me plaindre, Marie perdait patience et prenait une *tamalangba*, que nous appelions bâton à fouetter. Il s'agissait d'une herbe longue et épaisse qui poussait partout.

— Je te défends de parler comme ça, grondait-elle en me donnant des coups sur les fesses. Ce n'est pas vrai.

Malgré ma jalousie, j'aimais avoir une sœur. Adamsay se montrait très gentille même quand moi, je ne l'étais pas. Elle me donnait parfois des choses à manger et elle m'aidait à raccommoder mes jupes quand je les avais déchirées en jouant.

L'année où j'ai rendu visite à mes parents, j'ai appris qu'un ami d'Alie voulait m'épouser. Il s'appelait Salieu. Quelques membres de sa famille habitaient dans notre village, et il venait souvent les voir. Un jour que je jouais avec d'autres enfants, il s'est dirigé directement vers moi. Il s'est tenu si près que j'ai senti son souffle chaud sur ma joue.

— Quand tu auras grandi, je serai ton mari, a-t-il déclaré.

J'ai eu peur. Il s'est éloigné, et j'ai couru retrouver Adamsay.

— Que me veut ce vieil homme ?

Elle a éclaté de rire.

— Il veut peut-être t'embrasser.

— Ouache ! Quelle horreur !

En plaisantant, Adamsay a dit que mon sort pourrait être pire :

— Tu pourrais devoir épouser Abou.

Nous avons été prises d'un fou rire en pensant au vieux veuf de Magborou qui passait ses journées assis à l'ombre, à côté de sa hutte, les yeux fixés sur le sol. Adamsay et moi avons alors inventé un jeu. Nous passions en revue tous les hommes de Magborou et les unissions à toutes les jeunes filles. J'ai associé Adamsay avec le chef du village, qui était comme le maire de Magborou ; c'était un vieillard grand et maigre qui avait déjà une nombreuse famille.

Quelques jours après m'avoir abordée, Salieu est venu avec ses parents, et ils ont eu une conversation avec Marie et Alie. Adamsay et moi avons reçu l'ordre d'aller jouer dehors, même s'il était tard et si nous devions nous lever tôt le lendemain matin pour aller travailler au champ. Accroupies sous la fenêtre, nous nous sommes tordu le cou pour entendre ce qui se tramait à l'intérieur. Mais tout le monde parlait à voix basse et nous n'avons rien compris.

Le lendemain matin, pendant que nous plantions des patates douces, Marie m'a fait venir auprès d'elle et m'a annoncé que Salieu voulait que je devienne sa deuxième femme. Le mariage aurait lieu quelques années plus tard, a-t-elle précisé comme si de rien n'était.

— Je ne veux pas épouser Salieu, ai-je protesté.

Elle a interrompu son travail et m'a lancé un regard sévère :

— Mais c'est l'ami de mon mari, Mariatu. Si tu ne trouves personne d'autre, tu l'épouseras.

Heureusement, j'ai bientôt découvert que j'éprouvais des sentiments pour un garçon : Musa était gentil ; il avait un an de plus que moi et il vivait dans un village voisin. Depuis que nous étions petits, nous nous rencontrions au moment des semailles, car sa famille et la mienne partageaient le même champ. Il venait aussi à notre village avec ses parents pour chanter et danser.

Un après-midi, Musa et moi avons arrêté de creuser et sommes allés nous asseoir pour parler. Nous nous sommes raconté des anecdotes sur d'autres enfants. Ensuite, nous sommes allés nager et nous éclabousser dans la rivière. Puis, assis sur la berge, nous avons trempé nos orteils dans l'eau froide. C'est bientôt devenu une habitude : nous nous hâtions de terminer notre travail, nous bavardions, allions nous baigner et recommencions à parler. J'aimais être près de lui. Je sentais une chaleur dans mon corps.

Un jour, Musa m'a pris la main et m'a dit que, quand nous serions plus vieux, nous nous marierions et aurions des enfants.

Je me suis confiée à Marie.

— Le père de Musa est riche, a-t-elle répliqué. Il ne permettra pas à son fils d'épouser une fille pauvre.

J'ai senti mon cœur se serrer. Je n'ai rien dit car, en Sierra Leone, on apprend aux enfants à ne jamais désobéir aux adultes. Mais j'ai pleuré quand je suis allée me coucher ce soir-là. J'ai caché mon visage du mieux que j'ai pu pour qu'Adamsay n'aperçoive pas mes larmes.

J'ai vu Musa le lendemain à la ferme et j'ai souri lorsqu'il m'a regardée. « Quand son père verra comme nous sommes heureux ensemble, il acceptera notre mariage », me suis-je dit. Je me suis rappelé les paroles de mon propre père : j'étais née sous une bonne étoile. « Peut-être que j'aurai de la chance une fois de plus », ai-je pensé.

Mais c'est alors que les rebelles ont fait irruption dans nos vies et que tout a changé.

Tout a commencé pendant la saison sèche, l'année de mes onze ans. La guerre avait éclaté en Sierra Leone. Un jour, le chef de notre village a appris que des rebelles violents qui détruisaient les villages et tuaient les gens dans l'est du pays se dirigeaient vers Magborou. Ils voulaient renverser le gouvernement, auquel ils reprochaient d'être corrompu et de ne pas aider le peuple. Ils venaient de différentes tribus de la Sierra Leone, dont les Themnés, comme nous. Je ne comprenais pas pourquoi ils voulaient tuer les pauvres gens ou s'emparer de nos villages, manger toute notre nourriture et dormir dans nos maisons. Mais, apparemment, c'était ce qu'ils faisaient.

Chaque fois qu'il entendait dire que les rebelles se rapprochaient, le chef ordonnait à tous les habitants de Magborou d'aller se cacher dans la brousse. La première fois, nous avons abandonné nos maisons sans rien emporter et sommes restés terrés plusieurs jours pendant que nos estomacs criaient famine. Une fois de retour au village, Marie et Alie ont conçu un plan. Ils ont rempli des sacs de riz vides de légumes séchés et de cassaves. Nous avons également mis des vêtements et des couvertures dans des poches. À partir de ce moment, chaque fois que le chef annonçait que les rebelles s'étaient remis en route, nous prenions nos sacs et nous dirigions vers la brousse en file indienne, à la suite d'Alie.

Après quelque temps, il nous a semblé naturel de nous cacher. Nous étalions nos nattes dans une clairière et restions là, parfois pendant un mois. Nous, les enfants, continuions à jouer comme nous le faisions au village. Nous chantions et nous nous appelions en criant. Le soir, autour du feu, nous nous racontions des histoires ou partagions ce que nous avions appris à propos de la guerre. Allongés sur le dos, nous regardions la lune et les étoiles. Je me rappelais cependant que, longtemps auparavant, mon père m'avait dit de ne jamais compter les étoiles.

— Si tu le fais et si tu atterris sur l'étoile qui est toi, tu mourras.

Je n'étais pas sûre de comprendre le sens de ses paroles, mais je savais que je ne voulais pas mourir.

Les rumeurs concernant les rebelles devenaient de plus en plus fréquentes, et nous devions rester silencieux quand nous étions dans la brousse. Afin d'éviter d'être repérés par eux, nous n'allumions plus de feu pour faire cuire notre nourriture. Parfois, nous ne mangions que des cassaves crues. C'était très coriace, sec et fade. Tout le monde parlait à voix basse. Je frissonnais quand j'entendais un bruit, comme celui d'une branche cassée dans la brousse derrière la clairière. À quelques reprises, j'ai surpris des conversations entre adultes. Ils disaient que les rebelles ne se contentaient pas de tuer les gens : ils les torturaient. Après cela, je n'ai plus beaucoup parlé lorsque j'étais dans la brousse. Quand nous étions dans notre cachette, Ibrahim restait souvent juste à côté de moi pour s'assurer que j'étais en sécurité. Ces jours-là, je ne lui en voulais pas de se montrer autoritaire.

L'année suivante, pendant la saison sèche, nous avons de nouveau entendu parler des rebelles. Le chef a alors décidé que nous devions tous aller à un autre village, Manarma. Il nous a rassemblés pour nous donner ses instructions.

— Il y a beaucoup de gens à Manarma, nous a-t-il dit. Nous y serons plus en sûreté qu'ici ou dans la brousse.

Le jour où notre famille a pris le chemin de Manarma ne semblait pas différent des autres fois où nous avions fui le village. Nous reprendrions notre vie normale dès que le chef nous dirait que nous pouvions revenir chez nous.

Mais, cette fois, les choses se sont passées d'une tout autre façon.

CHAPITRE 2

L'huile de palme est une huile végétale extraite du palmier. Elle est de couleur orange foncé et, en Sierra Leone, nous nous en servons pour faire cuire presque tous nos aliments.

— Si tu rêves d'huile de palme, le sang coulera à la fin de la journée, m'avait affirmé ma grand-mère quand j'avais sept ans.

Je rêvais souvent d'huile de palme dans mon enfance. Et, en effet, chaque fois que cela se produisait, je me coupais en jouant au chat avec mes amis ou je m'écorchais un genou. La première nuit après mon arrivée à Manarma, j'ai fait un rêve terrible. Je me trouvais debout dans un grand trou. Il était plein d'huile de palme, qui m'arrivait aux genoux. À côté du trou, il y avait le bidon en fer-blanc dans lequel nous gardions de l'eau du lac pour notre famille. Les bâtons qui tenaient le bidon étaient enflammés. À l'intérieur de celui-ci, l'eau bouillait; de la vapeur sortait des becs et montait vers le ciel bleu. Les bâtons ont commencé à osciller, et le bidon s'est renversé. En tombant, il a frappé ma tête. Dans mon rêve, ce n'était pas de l'eau qu'il contenait, mais de l'huile de palme. Et, quand ma tête a heurté le sol, l'huile visqueuse m'a entièrement couverte.

Je me suis réveillée en hurlant. J'étais allongée sur une natte à côté d'Adamsay. Nous étions à peu près quinze personnes dans la pièce: la famille qui possédait la hutte, Marie et Alie, Adamsay, Mohamed, Ibrahim et moi. C'était le matin, très tôt; le soleil venait tout juste d'apparaître dans la fenêtre de l'autre côté de la pièce. Mon cri a réveillé Alie. Il m'a lancé un regard furibond, et je me suis mise à trembler. Je savais qu'il était fâché parce que j'avais fait du bruit. On nous avait dit que, quand les rebelles seraient proches, nous entendrions des coups de fusil. Nous devions donc rester très silencieux. J'avais peur qu'Alie me batte, parce que j'avais crié très fort. Alie était un homme imposant. Quand les enfants ne lui obéissaient pas, il aimait leur montrer sa force en les frappant à coups de *tamalangba*.

Marie dormait paisiblement à côté de lui. Pleins de fureur, les yeux bruns d'Alie me transperçaient. Je craignais de recevoir une correction. Puis, quelqu'un a remué.

— Tiens-toi tranquille, m'a chuchoté Alie. Sinon, nous allons tous mourir à cause de toi.

Il m'a de nouveau regardée avec colère, puis il a reposé sa tête sur la natte.

J'ai poussé un soupir de soulagement et essuyé la sueur sur mon front. Il faisait déjà très chaud dans la pièce. J'ai enroulé ma natte, lissé la robe de coton dans laquelle j'avais dormi et suis sortie pour voir qui était réveillé.

Je n'ai parlé à personne de mon rêve, du moins pas tout de suite. Après avoir jeté un coup d'œil autour de moi, j'ai suivi une femme que je ne connaissais pas jusqu'à la rivière. Je me suis lavé le visage, j'ai aspergé d'eau mes courtes tresses et me suis brossé les dents avec une petite branche. Puis, j'ai commencé à aider la femme à laver le linge.

Je rapportais au village une cruche de plastique remplie d'eau quand Alie s'est avancé vers moi. J'ai pensé : « Non ! Ça y est, il va me battre ! » Mais il m'a dit qu'il avait besoin de moi pour aller chercher de la nourriture à Magborou.

Comme je n'étais pas sûre d'avoir bien compris, je lui ai poliment demandé ce qu'il désirait que je fasse.

— Je veux que tu ailles à Magborou avec Adamsay, Ibrahim et Mohamed chercher de la nourriture dans le garde-manger.

J'étais stupéfaite. Je suis restée immobile pendant que des gouttelettes d'eau de la cruche posée sur ma tête dégoulinaient sur mon visage et dans mon dos. « Quelle sorte d'homme envoie des enfants à un village que les rebelles sont sur le point d'attaquer ? » ai-je pensé.

— D'autres personnes vous accompagneront, a précisé Alie. Vous serez en sécurité avec elles.

J'ai repensé à l'image de mon rêve. J'ai alors fait quelque chose que les enfants ne sont jamais censés faire en Sierra Leone : j'ai regardé Alie, un adulte, dans les yeux. Je suis allée encore plus loin et j'ai fait une chose pour laquelle j'étais presque sûre d'être battue : je lui ai tenu tête.

— Non ! Je ne veux pas y aller, ai-je déclaré avec une assurance que je n'avais jamais montrée auparavant.

J'ai décidé de mentir et de prétendre que je ne me sentais pas bien.

— Tu lavais des vêtements, m'a-t-il dit. Je t'ai vue au bord de la rivière. Et maintenant, tu portes de l'eau. Tu n'es pas malade. Tu vas aller à Magborou chercher de la nourriture avec tes cousins.

— Aujourd'hui, je ne vais nulle part, ai-je insisté.

Tremblant de la tête aux pieds, j'ai raconté mon rêve à Alie et lui ai parlé de la prédiction de ma grand-mère.

— Il va se passer quelque chose aujourd'hui. Quelque chose de terrible. Si tu ne me crois pas, j'irai. Mais peut-être que nous ne nous reverrons jamais.

Je pensais qu'il allait se mettre en colère, mais il s'est contenté de rire.

— Vas-y. Je suis convaincu qu'il ne se passera rien.

Je suis retournée à la maison où nous avions dormi et j'ai déposé la cruche d'eau à côté de Marie. J'ai fondu en larmes quand elle aussi m'a dit que je devais y aller. Elle a tenté de me rassurer.

— Tu n'as rien à craindre. Les rebelles ne sont jamais venus. Je commence à croire qu'ils n'existent pas. Fais ce qu'Alie te demande. Va à Magborou.

Je pleurais encore quand j'ai quitté Manarma avec Adamsay, Ibrahim et Mohamed. Je ne pensais à rien d'autre qu'à mon rêve — l'huile de palme, le bidon d'eau en feu — et aux paroles de ma grand-mère : « Si tu rêves d'huile de palme, le sang coulera à la fin de la journée. »

Nous ne sommes jamais arrivés à Magborou. En chemin, nous devions traverser un autre village et, dès que nous y sommes entrés, nous avons entendu des coups de feu. Une femme qui se trouvait sur la route nous a dit de ne pas nous inquiéter. Selon elle, ces coups de fusil étaient tirés par des soldats locaux, des villageois qui montaient la garde jour et nuit au cas où les rebelles se montreraient.

— Ils ne font que s'entraîner à tirer, a-t-elle ajouté.

Je voyais pourtant qu'elle était nerveuse. Ses yeux bruns étaient grands comme des soucoupes, et elle parlait à voix basse.

Nous étions une dizaine de personnes à avoir quitté Manarma pour nous rendre à Magborou. Les hommes les plus âgés ont décidé d'attendre que les tirs cessent avant de reprendre la route. Je suis restée figée ; j'étais certaine que quelque chose d'épouvantable était sur le point de se produire. Debout à côté de Mohamed, j'ai regardé une femme du village préparer du *fu fu*, un plat de manioc bouilli. Elle nous a invités à en manger, mais je n'ai pu en avaler que quelques bouchées. J'avais trop peur.

Quand les coups de feu ont cessé, les hommes ont annoncé qu'Adamsay et moi devions retourner à Manarma.

— C'est plus sûr, a dit un homme que je ne connaissais pas.

Un colporteur qui vendait des denrées — comme des oignons, des piments, du poisson et de l'huile — d'un village à l'autre s'est approché de moi. Il m'a demandé d'apporter de l'huile de palme à Manarma. J'ai posé la cruche de plastique jaune sur ma tête et je suis partie avec Adamsay. Je défaillais de frayeur à chacun de mes pas.

Aux abords de Manarma, nous sommes passées sous un manguier près du terrain de soccer. Nos cœurs battaient la chamade. Il n'y avait personne en vue et nous n'entendions aucune voix, ce qui était très inhabituel. J'ai tenté de trouver une explication à ce silence. Quand le chef de Magborou pensait qu'il y avait du danger, il instaurait un couvre-feu, à n'importe quel moment du jour ou de la nuit, et tout le monde devait rester à l'intérieur.

C'est alors que nous les avons vus sortir d'une des maisons. Torse nu, en pantalon kaki, leur corps musclé bardé de cartouches, ils ressemblaient à des soldats. Adamsay s'est mise à courir, mais un homme sorti de nulle part l'a saisie par la taille. Il l'a ramenée et l'a jetée dans la poussière à côté de moi. Il portait un foulard rouge autour de la tête et plusieurs fusils sur les épaules.

J'étais pétrifiée. «Voilà, ai-je pensé. C'est aujourd'hui que les rumeurs à propos des rebelles deviennent réalité.»

Le soldat m'a ordonné de déposer la cruche d'huile de palme que j'avais sur la tête. En regardant derrière lui, j'ai compris pourquoi tout était tellement silencieux: les soldats s'étaient emparés du village. Ils entraient dans les maisons et en sortaient, et volaient les biens des gens. Ils lançaient la majorité des objets dans une pile au milieu du chemin.

Un autre homme s'est joint au premier, et ils nous ont poussées à l'intérieur du village, à côté d'une maison. Là, ils nous ont ordonné de nous asseoir l'une près de l'autre sur le sol. L'un d'eux nous a lié les mains derrière le dos avec un bout de corde rugueux. Il a souri en découvrant largement les dents.

— Vous savez qui nous sommes? a-t-il demandé.

— Non, ai-je répondu. Êtes-vous les soldats qui protègent le village ?

Je savais qu'ils ne l'étaient pas. J'avais eu tort de répondre comme ça.

L'homme s'est mis à crier :

— Il y a des soldats ici ? Où sont les soldats ? Nous sommes les rebelles et nous voulons les attraper. Dis-nous où ils sont !

De nombreux rebelles se dirigeaient à présent vers nous. Ils ont approché leurs visages des nôtres, puis ils se sont éloignés avec des sourires cruels. Plusieurs d'entre eux se parlaient en krio, la langue la plus commune en Sierra Leone. Je pouvais la reconnaître, mais je ne la comprenais pas. Le rebelle qui m'avait lié les mains m'a alors interrogée dans ma langue, le themné :

— D'où viens-tu ? Quel âge as-tu ?

Avant que j'aie eu le temps de répondre, j'ai aperçu le vendeur d'huile de palme. Je suis restée bouche bée. Je n'avais aucune idée de la raison qui l'avait fait revenir à Manarma alors qu'il se dirigeait vers Magborou. Le rebelle qui parlait le themné s'est tourné vers Adamsay et moi.

— Ne fermez pas les yeux, a-t-il dit.

Nous avons regardé le vendeur courir sur le chemin de terre, puis recevoir une balle dans la poitrine, tirée par un rebelle qui était apparu devant lui et qui ne semblait pas plus vieux que moi. Le chef avait donc raison quand il avait dit que certains des rebelles étaient des enfants. J'ai éclaté en sanglots. Je n'avais jamais vu personne mourir et encore moins se faire tuer. Mais le rebelle a dit qu'il me tuerait si je ne cessais pas de pleurer.

— Arrête de faire le bébé, m'a-t-il ordonné. Je ne laisse vivre que les grandes filles.

Ma cousine s'est mise à le supplier de la laisser partir. Adamsay avait toujours eu le don de la parole, mais je n'en revenais pas de l'entendre continuer à bavarder face au danger.

— Reste assise et regarde, a craché le rebelle en la giflant pour la forcer à se taire. Si on te libère, on veut que tu racontes aux autres ce que tu as vu ici.

Puis, tout s'est passé très vite. Trop vite.

J'ai entendu des voix venant de la maison à côté de moi. Les rebelles en avaient bloqué les portes et les fenêtres avec de grandes planches de bois. L'un d'eux m'a dit qu'une vingtaine de personnes se trouvaient à l'intérieur. J'ai distingué une seule voix, celle de mon amie Mariatu. Piégée avec les autres, elle gémissait, appelait à l'aide.

Mes yeux ont quitté la maison et se sont posés sur une scène terrifiante. Deux rebelles poussaient Ibrahim et Mohamed vers nous sur la route. Ils les frappaient dans le dos pour les faire avancer plus vite. Quand mes cousins ont été directement devant nous, les rebelles les ont saisis par le cou et les ont jetés brutalement à terre. Les frappant avec la crosse de leurs fusils, ils les ont mis dos à dos, puis ils les ont ligotés ensemble.

Ensuite, ils les ont forcés à fixer le soleil aveuglant du midi.

— Êtes-vous les soldats qui gardent le village ? leur a demandé un rebelle. Êtes-vous les soldats ? Êtes-vous les soldats ?

Il ne cessait de hurler la même question. Ibrahim et Mohamed avaient beau secouer la tête, il refusait de lâcher prise.

Les garçons ont commencé à pleurer. Ibrahim avait mouillé son pantalon, et j'ai vu la tache s'étendre. J'ai détourné les yeux quand le rebelle s'est mis à agiter un couteau autour de leur dos et de leur crâne.

J'ai tenté de trouver un endroit où poser le regard. J'ai d'abord contemplé la maison. Trois rebelles de mon âge longeaient la hutte en brandissant des torches. Ils ont mis le feu au toit de chaume. C'est devenu un enfer et, à l'intérieur, tout le monde s'est mis à hurler. Une femme avec un bébé attaché sur son dos a réussi à déplacer les planches qui bloquaient la fenêtre. Le bébé avait les cheveux noirs et de grands yeux qui regardaient partout. Un des jeunes rebelles a jeté sa torche et a pris la machette qu'il portait en bandoulière. D'un coup violent, il a tranché la tête de la femme. Le bébé a gémi quand le corps de sa mère est retombé sur lui dans la maison. La tête de la malheureuse a roulé dans le chemin jusqu'à moi. Je me suis remise à pleurer et j'ai été prise de convulsions.

— Tu veux les rejoindre? m'a menacée le rebelle qui me surveillait.

Une partie de moi le voulait.

Après quelque temps, les cris se sont tus. Le silence s'est installé. Tout était calme tandis que la fumée de l'incendie montait vers le ciel.

Des rebelles sortaient maintenant de la brousse pour rejoindre ceux qui s'étaient emparés du village. Ils étaient si nombreux — devant moi, à côté de moi, derrière moi — que je ne pouvais les compter. Si je devais donner un chiffre, je dirais qu'ils étaient à peu près cent. La plupart des derniers venus étaient des enfants. Les plus âgés criaient des ordres aux plus jeunes. Les garçons s'arrêtaient pour écouter, puis ils recommençaient à piller les maisons qui restaient. Nattes, paniers, tapis, chaises de bois, tables et vêtements étaient lancés sur l'énorme tas dans le chemin. Les garçons qui avaient incendié la maison où se trouvait Mariatu ont agité leurs torches au bas de la pile pour allumer un gros feu.

Au début, je n'ai pas reconnu l'homme que deux jeunes rebelles poussaient vers un autre, plus âgé, qui allait décider de son sort. C'était Saliu, l'homme qui voulait m'épouser. Son visage était ensanglanté, et sa chemise, déchirée. On lui avait lié les mains dans le dos. J'ai poussé un cri étouffé quand il m'a regardée. Le rebelle plus âgé a hurlé quelque chose. Les deux plus jeunes ont agrippé les bras de Saliu et l'ont forcé à avancer.

— Tu reconnais cet homme? m'a crié le rebelle qui parlait themné.

— Ou...i, ai-je bégayé, les yeux rivés sur Saliu.

— Bien, a dit le rebelle en souriant. Celui-là est pour toi. Regarde bien !

Ils ont reculé d'un pas et ont tiré sur Salieu : une balle dans la tête, une autre dans la poitrine.

Tandis que les jeunes rebelles traînaient son corps au loin, un bruit m'a fait sursauter. De la musique. De la musique forte. Ce n'était pas la musique africaine à laquelle j'étais habituée. Je ne comprenais pas les paroles des chansons, et le rythme était très différent. Quelques hommes se sont mis à danser. Des filles pas beaucoup plus vieilles que moi se sont passé des choses qui ressemblaient à des cigarettes. Mais, quand la fumée des longs tubes de papier a flotté jusqu'à moi, je n'en ai pas reconnu l'odeur.

Les filles tendaient aux hommes des tasses pleines de vin de palme, qu'ils avalaient comme de l'eau. Les yeux de ceux qui buvaient et fumaient sont devenus rouges, fous ; ils bougeaient sans cesse sans vraiment rien regarder. Quelques-uns attrapaient les filles par la taille et les embrassaient au passage.

Je n'avais jamais entendu parler de filles rebelles, mais c'était pourtant bien ce qu'elles étaient. Elles portaient les mêmes pantalons de combat que les hommes et les garçons, et les mêmes foulards rouges ; certaines avaient aussi, comme leurs compagnons, un fusil et une cartouchière.

J'ai vu cinq garçons pousser une femme et un homme dans ma direction.

— Tu connais ces gens ? a crié le rebelle à côté de moi.

Le couple était de Magborou. La femme était enceinte, sur le point d'accoucher. L'homme était son mari.

Couverts de boue, les pieds nus de la femme se traînaient sur le sol. Elle avait le visage cendreux, et des cernes noirs soulignaient ses yeux.

Elle était manifestement épuisée. Son corps se courbait comme si elle allait tomber d'une seconde à l'autre.

Les garçons l'ont redressée tandis qu'elle tenait son gros ventre à deux mains.

— Ne faites pas ça! Ne faites pas ça! a crié l'homme aux jeunes rebelles. Je vous donnerai tout ce que j'ai. J'irai avec vous et je tuerai qui vous voudrez. Mais laissez vivre ma femme.

Les garçons ont ignoré ses supplications.

— Nous ne prenons plus personne, a vociféré l'un d'eux. C'est notre dernière attaque avant Port Loko, et tous ceux que nous capturons, nous les tuons.

L'un des garçons a pointé sa longue carabine vers le dos de l'homme. Deux autres l'ont forcé à s'agenouiller en face de son épouse.

Devant nous tous, devant son mari, ils ont abattu la femme et l'enfant qu'elle portait.

— Tu aimes ce que tu as vu? m'a demandé un rebelle.

Marie m'avait un jour parlé d'une rumeur qu'elle avait entendue:

— Quand les rebelles tuent, ils veulent que la personne qui regarde affirme qu'elle a aimé voir ça, sinon ils la tuent aussi. Si jamais tu te retrouves dans cette situation, dis que tu aimes ce que tu vois, peu importe à quel point c'est terrible.

— Oui, ai-je donc répondu au rebelle.

— Bien. En fin de compte, nous allons peut-être te laisser la vie sauve.

Notre gardien a attrapé Adamsay par les tresses et l'a obligée à se relever. Il l'a poussée dans les bras d'un autre rebelle, qui l'a fait pivoter, puis l'a traînée par les cheveux dans le chemin. Je l'ai vue, comme une ombre, être poussée dans une maison de l'autre côté du feu. « Adieu! lui a dit mon cœur. Adieu! »

CHAPITRE 3

J'avais déjà prié, dans ma vie ; j'avais déjà prié cinq fois par jour, comme notre livre sacré, le Coran, le prescrit aux musulmans. À Magborou, la mosquée était une maison en argile rouge ; le soir, l'unique lumière provenait des lampes à kérosène et des petites bougies allumées. Nous avions un imam qui dirigeait les prières et faisait les sermons.

Marie m'avait appris à prier pour être heureuse, pour épouser un homme gentil quand je serais plus vieille, pour que la récolte soit bonne. Mais la seule chose que j'avais vraiment demandée dans mes prières, c'était une jolie robe neuve. Chaque année, à l'occasion de l'Aïd-el-Séghir, qui marque la fin du ramadan, notre période de jeûne, Marie offrait aux enfants de nouveaux vêtements qu'elle avait achetés à Port Loko, une ville située à environ une demi-journée de marche. J'adorais recevoir un boubou, un vêtement africain de deux pièces, en coton. D'après ce que je savais, les prières étaient exaucées, parce qu'on me donnait toujours un costume neuf à l'Aïd-el-Séghir.

Une fois Adamsay disparue dans la maison avec les rebelles, j'ai fermé les yeux et j'ai prié de toutes mes forces. Cette fois, je ne demandais pas de nouveaux vêtements. « S'il vous plaît, faites que je meure rapidement. Faites que ce soit vite fini. Faites que ma famille, si elle a été capturée par les rebelles, meure vite, elle aussi. Ne permettez pas que les rebelles me découpent en morceaux. »

Je priais fort, si fort que j'ai commencé à sentir des pulsations dans ma tête. Quand j'ai rouvert les yeux, j'ai aperçu un groupe de rebelles qui me regardaient fixement. Si je n'avais pas vu leurs yeux rouges, leurs fusils et les couteaux qu'ils avaient dans les mains, ç'aurait été comme quand je jouais à cache-cache au village : j'aurais ouvert les yeux après avoir compté jusqu'à cent et des enfants souriants auraient été devant moi.

La tête me tournait. Ma vision était embrouillée. J'ai cessé d'entendre, puis de voir. J'ai perdu connaissance.

Quand je suis revenue à moi, la première chose qui m'a frappée, ç'a été la musique. Elle me martelait la tête. Les hommes et les garçons chantaient ; certains hurlaient même des paroles incompréhensibles pour moi. Les rebelles vociféraient des mots que je n'ai reconnus que plus tard, quand je suis arrivée en Amérique du Nord. *Rambo. Red Eye. Killer.*

J'ai dû faire un effort pour ouvrir les yeux ; ils étaient collés par mes larmes, auxquelles se mêlaient de la terre et de la poussière. Pour commencer, je n'ai distingué que des ombres rouges et jaunes. Je sentais de la chaleur sur mon corps, comme celle du soleil au milieu du jour. Quand j'ai été capable de distinguer les choses, j'ai compris que les ombres et la chaleur venaient du feu dans lequel brûlaient les biens des villageois. Il était maintenant très gros, si gros que je n'apercevais plus le village. Je voyais les silhouettes des hommes et des garçons qui dansaient autour.

Je gisais là où j'étais tombée, dans le chemin. Mes mains avaient été détachées, mais elles étaient engourdies après avoir été liées par une corde pendant toutes ces heures. J'ai, malgré tout, réussi à prendre des poignées de terre rouge et sèche, avec laquelle j'ai frotté mes cheveux, mon visage, mes épaules et mes jambes. « Si je suis sale, les rebelles ne voudront rien de moi », ai-je pensé.

— Emmenez-la se laver à la rivière, a beuglé l'homme qui parlait themné.

Je ne l'avais pas vu, mais il se trouvait derrière moi, comme il l'avait été depuis le début. Il a aboyé cet ordre à quatre jeunes rebelles.

— Attendez, ai-je supplié le plus âgé, qui me faisait me relever. Je dois aller aux toilettes. Je vous en prie, est-ce que je peux faire pipi avant que vous me tuiez?

L'homme m'a lâchée et a reculé.

— Mais nous n'allons pas te tuer, a-t-il dit avec un petit sourire. Nous allons t'emmener avec nous. Tu es jolie. Il y a des choses que tu peux faire pour nous.

— Je pensais que vous ne preniez plus de prisonniers.

— J'ai menti.

J'ignore d'où cela m'était venu, mais j'avais eu plus tôt l'impression que ce rebelle voulait que je l'accompagne dans la brousse et que je participe aux razzias. En voyant les filles faire la cuisine, je m'étais imaginée, l'espace d'un moment, en train de frire les cassaves avec elles. Pour l'instant, je ne pensais qu'à essayer de tirer profit de cette possibilité.

— Bien, ai-je répondu. J'irai avec vous. Mais laissez-moi d'abord faire pipi.

L'homme s'est écarté et a fait signe aux garçons d'approcher.

— Surveillez cette petite, leur a-t-il ordonné. Ne la laissez pas s'échapper. Elle me plaît.

Il a passé sa main droite sur ma joue et, en reculant d'un pas, il m'a fait un clin d'œil. J'ai frissonné.

Étonnamment, les garçons m'ont laissée entrer seule aux toilettes extérieures. Cette solitude était la bienvenue. Je me suis laissée tomber sur le sol et j'ai enfoui mon visage dans mes mains. Je ne savais pas quoi faire. Je pouvais tenter de m'enfuir en me précipitant dans les buissons, mais je devais d'abord traverser en courant le terrain de soccer. J'ai revu le rictus sur le visage des garçons quand ils avaient tué la femme enceinte.

J'étais sûre que ceux qui m'attendaient devant les toilettes auraient le même sourire en me prenant pour cible.

« Je vais aller avec eux », ai-je décidé, prise de panique. Mais je ne voulais pas être une de ces filles. Je tremblais comme une feuille. J'avais la gorge nouée. Refoulant mes larmes, je me suis redressée et je me suis donné des tapes sur les joues. « Courage, me suis-je admonestée. Tu seras plus intelligente qu'eux. Accompagne-les. Fais comme si tu les aimais et n'avais aucunement l'idée de t'enfuir un jour... Puis, à la première occasion, sauve-toi. »

Des images d'Adamsay, d'Ibrahim, de Mohamed, de Marie et même d'Alie se sont bousculées dans ma tête. Je les voyais devant moi, qui me souriaient. Je leur ai fait à tous mes adieux.

« Je vous en supplie, Allah, aidez-moi, ai-je de nouveau prié. Aidez-moi à trouver un moyen de m'échapper. »

Les jeunes rebelles s'impatientaient.

— Pourquoi te faut-il tout ce temps ? m'a crié l'un d'eux en themné.

Je ne me suis pas donné la peine de répondre. Je suis sortie quelques secondes plus tard, je leur ai tourné le dos et j'ai marché vers l'homme qui donnait des ordres, les garçons dans mon sillage.

Le rebelle plus âgé parlait avec un autre homme que je n'avais pas remarqué avant. Celui-ci avait la peau très claire, presque blanche. Ils discutaient en krio. Ils agitaient les bras, secouaient la tête, le visage rouge de fureur. Dès qu'ils m'ont aperçue, ils ont pointé le doigt vers moi. « Ils sont fâchés contre moi », ai-je pensé.

Je me suis agenouillée devant mes ravisseurs, j'ai baissé la tête et j'ai attendu. Je voulais montrer au rebelle plus âgé que j'allais être docile.

— Ça va, petite, a-t-il dit pendant que l'autre s'éloignait. Fous le camp. En fin de compte, on ne veut pas de toi.

Comme je n'étais pas sûre d'avoir bien compris, je suis restée immobile.

— Tu peux t'en aller, a-t-il répété en agitant la main. Va-t'en, va-t'en, va-t'en !

Je me suis lentement relevée et je me suis tournée vers le terrain de soccer.

— Attends ! a alors beuglé le rebelle.

Je n'ai pas bougé. Quelques garçons ont saisi leurs fusils et les ont pointés dans ma direction. J'ai attendu que le rebelle plus vieux leur donne l'ordre de tirer. Mais il a marché vers moi.

— Tu dois choisir une punition avant de t'en aller.

— Quelle punition ? ai-je bafouillé.

Les larmes que je ne pouvais plus retenir ont ruisselé sur mon visage.

— Quelle main veux-tu perdre en premier ?

Le nœud dans ma gorge s'est transformé en cri.

— Non ! ai-je hurlé.

Je me suis élancée vers le terrain de soccer. En vain. L'homme m'a attrapée, son grand bras entourant ma taille. Il m'a traînée vers les jeunes rebelles et m'a jetée sur le sol devant eux.

Trois garçons m'ont hissée par les bras. Je donnais des coups de pied, je criais, j'essayais de les frapper. Mais, même si c'étaient de tout jeunes garçons, ils m'ont facilement maîtrisée. J'étais épuisée, trop faible pour me défendre. Ils m'ont conduite derrière les toilettes. Nous nous sommes arrêtés devant un gros rocher.

Des coups de feu résonnaient dans la nuit. J'ai pensé que les rebelles devaient tirer sur quiconque était encore dans le village. « S'il vous plaît, Allah, faites qu'une balle perdue me frappe en plein cœur et que je meure », ai-je prié. J'ai cessé de me débattre et je me suis abandonnée aux garçons.

À côté du rocher, j'ai vu un homme torse nu, mort. Il y avait de petites pierres tout autour de lui. Stupéfaite, j'ai reconnu le mari de la femme enceinte. Il vendait des produits d'une ville à l'autre, comme l'homme qui m'avait donné l'huile de palme. La femme qu'on avait abattue était sa deuxième épouse, et le bébé aurait été son premier enfant. À présent, son visage n'était plus qu'une bouillie sanguinolente. Je voyais même des parties de son cerveau. Les rebelles l'avaient lapidé.

— S'il te plaît, je t'en supplie, ne me fais pas ça, ai-je imploré un des garçons. J'ai le même âge que toi. Tu parles themné. Tu dois venir des alentours. Nous aurions été des cousins si nous avions vécu dans le même village. Nous pourrions peut-être devenir amis.

— Nous ne sommes pas des amis, a-t-il répliqué en fronçant les sourcils et en tirant sa machette. Et nous ne sommes certainement pas cousins.

— Je t'aime bien, ai-je insisté, m'efforçant de trouver son bon côté. Pourquoi veux-tu faire du mal à quelqu'un qui t'aime bien ?

— Parce que je ne veux pas que tu votes.

Un des garçons a saisi mon bras droit, un autre a mis ma main à plat sur le rocher.

— Plutôt que de me couper les mains, tuez-moi, les ai-je suppliés.

— Nous n'allons pas te tuer, a dit le garçon. Nous voulons que tu ailles voir le président et que tu lui montres ce que nous t'avons fait. À présent, tu ne pourras plus voter pour lui. Tu lui demanderas de te donner de nouvelles mains.

Je vacillais, et deux garçons m'ont maintenue. La machette est tombée, et tout est devenu silencieux. J'ai fermé les yeux très fort, mais ils se sont ouverts et j'ai tout vu. Le garçon a dû s'y prendre à deux fois pour trancher ma main droite. Le premier coup n'a pas traversé les os, que je voyais jaillir en toutes sortes de formes et de tailles. Il m'a assené un autre coup en choisissant un endroit plus haut sur mon bras. Cette fois, ma main a volé du rocher et est tombée sur le sol. Les nerfs l'ont gardée en vie quelques secondes, et elle a tressauté d'un côté puis de l'autre, comme une truite qu'on sort de la rivière avant de l'assommer et de la tuer pour la manger au repas du soir.

Il ne me restait plus aucune énergie quand un garçon a pris mon autre bras et l'a posé sur le rocher. Cette fois, trois essais ont été nécessaires. Même après le troisième coup, il y avait encore un peu de chair qui pendait.

Je n'ai senti aucune douleur. Peut-être que mes mains étaient encore engourdies après avoir été si longtemps attachées. Mais mes jambes ont cédé. Je me suis écroulée pendant que le garçon essuyait le sang sur sa machette et s'en allait.

Mes paupières se sont fermées. J'ai eu, cependant, le temps de voir les rebelles se frapper mutuellement dans les mains en signe de victoire. J'ai eu le temps d'entendre leurs rires. Pendant que tout devenait noir dans ma tête, je me rappelle m'être demandé : « C'est quoi, un président ? »

CHAPITRE 4

On aurait dit que ma tête était en ciment. Mes yeux se sont ouverts mais, avant que j'aie pu distinguer quoi que ce soit, je me suis mise à tousser. Comme je levais mon bras droit pour couvrir ma bouche, j'ai senti du sang chaud et visqueux. Saisie d'horreur, je me suis souvenue : « Je n'ai plus de mains. » Avant d'être submergée par la peur, j'ai éprouvé une vive douleur dans mon ventre. J'ai instinctivement porté mes bras blessés à mon abdomen.

— Que m'est-il arrivé ? ai-je prononcé à voix haute.

Personne ne m'a répondu.

Sans l'aide de mes mains, il m'a été difficile de me relever. J'ai roulé sur moi-même, je me suis mise à genoux et j'ai réussi à me lever en titubant. Au début, j'ai tourné en rond. Je ne savais pas dans quelle direction aller. Puis, j'ai retrouvé l'usage de mes sens. J'entendais le feu craquer, et sa lumière brillait entre les arbres, éclairant mon chemin.

Me tenant toujours le ventre, j'ai commencé à mettre un pied devant l'autre. Je voulais m'en aller... m'en aller de là, quitter ce village. J'étais toutefois convaincue d'être épiée. Caché derrière un manguier, un des rebelles devait attendre, prêt à m'abattre. Tout en marchant vers le terrain de soccer et la brousse qui s'étalait derrière, j'attendais le bruit d'une balle déchirant l'air.

Mais cette balle n'est pas venue, et ma marche s'est transformée en course. J'ai bientôt cessé d'entendre la musique à tue-tête, le rugissement des flammes, les cris et les acclamations des rebelles. Dans la brousse, j'ai été accueillie par les douces stridulations des grillons.

J'étais très faible, mais je n'ai cessé de courir qu'une fois assez loin, au bord d'un étang dans lequel se mirait la pleine lune. Mes bras blottis sur mon ventre, j'ai plongé mon visage dans l'eau. J'ai bu longtemps. Le liquide était froid, rafraîchissant.

Ensuite, je me suis assise et je me suis regardée. Mon boubou était déchiré, taché de sang. J'ai tendu les bras pour examiner mes blessures. Là où avaient été mes mains, il ne restait plus qu'une épaisse couche de sang en train de sécher. J'ai soudain pris conscience du fait que je souffrais. C'était une douleur aiguë, lancinante, qui courait dans mes bras et dans mon abdomen. J'étais malade, plus malade que je ne l'avais jamais été. Cela, je le savais. J'ai fermé les yeux pour ne plus avoir à regarder mes plaies, puis j'ai trempé mes avant-bras dans l'eau, croyant que cela allait soulager ma souffrance. Mais non. La douleur prenait toute la place. Son intensité m'étourdissait et je me suis sentie perdre conscience.

Allongée dans l'herbe, je me répétais : « Ne t'évanouis pas. » J'ai inspiré longuement, profondément, en forçant mes yeux à rester ouverts. J'ai pensé à ma famille, à ma mère et à mon père. Étaient-ils morts ? Les rebelles les avaient-ils trouvés ? Puis, j'ai pensé à ma vie. Une voix a résonné dans ma tête. « Tu vivras, disait-elle. Tu vivras. »

Quand j'ai recommencé à respirer normalement et que ma tête a cessé de tourner, je me suis assise et j'ai regardé autour de moi. Des paniers de lessive et des habits étaient éparpillés un peu partout. « Les villageois n'abandonnent jamais leur lessive comme ça, ai-je pensé. Ils ont dû être terrifiés, peut-être par le bruit des fusillades des rebelles. » Je me suis levée lentement et, d'une démarche incertaine, je me suis approchée des paniers d'osier. J'ai fouillé dedans à l'aide de mon pied droit; les vêtements fraîchement lavés étaient encore humides, mais cela m'était égal. J'ai sorti une pièce qui, à la lueur de la lune, me semblait être un lappa bleu (un vêtement qui ressemble à un sarong). J'ai essayé d'enrouler l'étoffe autour de mon torse mais, sans mes mains, c'était impossible. Le lappa que je tenais entre les bras est tombé à terre.

Je me suis redressée et j'ai repris le tissu entre mes orteils. Cette fois, je l'ai enroulé autour de mes bras blessés. Dès que j'ai trouvé un sentier, j'ai recommencé à courir dans les bois.

En Sierra Leone, la campagne est sillonnée de sentiers que les villageois empruntent pour aller au champ, à l'étang pour laver le linge et aux autres villages. J'avais l'impression que ce sentier m'éloignait de Manarma. Mais je n'avais aucune idée où j'allais.

Après quelque temps, j'ai ralenti mon rythme et j'ai commencé à marcher d'un pas régulier tout en criant:

— Ya Marie! Pa Alie! C'est moi, Mariatu!

J'espérais que ma tante et mon oncle avaient échappé aux rebelles et qu'ils se cachaient dans la noirceur de la forêt de cocotiers, d'avocatiers et de manguiers.

— Au secours! criais-je.

Mais la seule réponse me venait des grillons et des hiboux, qui se taisaient à mon approche.

J'ai fini par arriver à une ferme abandonnée. J'ai vu qu'elle n'était plus entretenue depuis au moins une saison, peut-être plus.

Elle était envahie de broussailles et de longues herbes qui se balançaient dans la brise légère de la nuit. La présence d'une ferme était bon signe. Cela signifiait qu'il y avait un village — et de l'aide — à proximité. Mon soulagement s'est bientôt transformé en terreur. Que se passerait-il si les rebelles étaient parvenus au village avant moi? J'ai de nouveau inspiré profondément, puis j'ai pénétré dans la ferme.

La lumière de la lune entrait par un grand trou dans le toit de chaume. Il y avait un banc le long d'un mur, et je me suis allongée sur le bois dur. J'ai fermé les yeux et chassé toutes les autres pensées en me répétant: «Je suis vivante. Je vais rester vivante.»

J'ignore si j'ai vraiment dormi. Un sifflement m'a réveillée en sursaut. J'ai levé la tête brusquement et j'ai vu, juste à côté de moi, un cobra noir comme le jais. Son long corps était enroulé sur le sol sous le banc, et sa grosse tête, avec sa langue qu'il dardait, s'avançait vers moi.

Je me suis levée lentement et j'ai reculé. Du seuil de la porte, j'ai vu le serpent rentrer sa tête dans son corps. J'étais stupéfaite. «Tu ne m'as pas fait de mal. Pourquoi? ai-je demandé à la créature. Est-ce parce que tu as senti ma douleur?» Le cobra m'a regardée pendant quelques instants. J'étais paralysée par la peur et par la curiosité. Il a fini par détourner la tête.

J'ai pris mes jambes à mon cou et j'ai couru jusqu'au sentier. Quand j'ai commencé à appeler Marie et Alie, j'ai aperçu un autre serpent étendu sur toute la largeur du sentier devant moi.

Je me suis arrêtée net. Ma grand-mère m'avait dit un jour que nous avons tous un esprit qui veille sur nous. Certaines personnes particulièrement bonnes en ont même deux ou trois. Ces esprits sont souvent des parents morts — comme un grand-père, comme Santigie — et, parfois, ils nous apparaissent sous la forme d'un animal, d'un oiseau ou d'un reptile. C'était le deuxième serpent que je voyais cette nuit-là. Il se passait quelque chose, j'en étais convaincue.

— Qu'est-ce que tu fais? ai-je crié au serpent.

J'éprouvais une grande frustration, parce que je voulais poursuivre ma route et que je ne le pouvais pas. Le cobra me bloquait le chemin.

— Si tu es l'esprit de mon ange gardien, je t'en prie, ôte-toi de mon chemin et laisse-moi passer.

Le serpent n'a pas bougé.

Avec une détermination que je ne me connaissais pas, j'ai plongé dans la forêt sombre. Au-dessus de moi, la cime des arbres formait un dais que le clair de lune ne pouvait traverser. Je trébuchais sur les cailloux et les longues herbes tordues. Mais, dès que je perdais pied, je me relevais. Au bout d'un moment, je me suis dirigée de nouveau vers le sentier, très loin de l'endroit où j'avais vu le serpent.

J'ai marché jusqu'à ce que le soleil se lève et projette de longues ombres devant moi. Je m'efforçais d'avancer d'un pas régulier, dans l'espoir de parvenir à un village que les rebelles n'avaient pas encore attaqué. Tous les bruits me faisaient sursauter. Le hululement d'un hibou ou le craquement d'une branche cassée par un petit animal me faisaient présager le pire : les rebelles étaient cachés dans les bois qui m'entouraient, ils se moquaient de moi, me faisaient croire que j'étais en sécurité dans le seul but de m'abattre plus tard. Je savais que mon esprit me jouait des tours. « Il n'y a plus de cobras, me répétais-je. Il n'y a plus de rebelles. »

Enfin, j'ai aperçu devant moi une clairière et les vaguelettes d'un petit lac. J'ai hâté le pas. J'avais soif et j'avais faim. « Une fois au lac, je boirai et j'essaierai de manger le fruit d'un de ces arbres, me suis-je dit. Ensuite, je regarderai mes bras. »

J'approchais de la clairière quand deux chiens, l'un noir et l'autre brun et blanc, ont bondi hors de la brousse. Le chien noir aboyait comme jamais je n'avais entendu un chien aboyer. Son corps était agité de soubresauts comme s'il voulait sauter sur moi, et sa gueule était ourlée d'écume.

Il y avait toujours beaucoup de chiens dans les villages. Pour les gens, ce n'étaient pas des animaux de compagnie et on ne les laissait pas entrer dans les maisons. Quand ils essayaient de le faire, les femmes les chassaient. Mais tout le monde les nourrissait, et les enfants jouaient avec eux. Ils nous accompagnaient au champ et nous suivaient, nous, les enfants, quand nous jouions. Tiger, un chien un peu bébête brun cuivré, était mon préféré à Magborou même s'il me rendait folle à toujours me mordiller les chevilles.

Il était impossible que les chiens soient venus tout seuls si loin dans la brousse ; des gens devaient sûrement se trouver à proximité. Mais le chien noir me faisait trop peur pour que je continue à avancer sur le sentier. Je ne voulais toutefois pas retourner sur mes pas, car je savais que cela me ramènerait vers les rebelles. Très lentement, je me suis de nouveau glissée dans les bois et j'ai marché sur la pointe des pieds entre les arbres.

En grandissant, j'avais entendu l'histoire de petits enfants qui s'étaient aventurés trop loin dans la brousse et qui s'étaient perdus. Leur famille ne les avait jamais revus. « Un gros sanglier doit les avoir mangés », avait dit Alie. Je me rappelais ces mots en marchant dans les bois. S'il fallait que, après tout ce que j'avais vécu, je me fasse dévorer par un énorme sanglier !

J'ai bientôt trouvé un autre sentier, que j'ai suivi jusqu'à une croisée de chemins. C'est alors que je l'ai aperçu. Depuis Manarma, c'était la première personne que je voyais. Un homme grand et mince avançait sur un autre sentier. Il s'est arrêté quand j'ai crié :

— Bonjour !

Il m'a regardée droit dans les yeux, bouche bée. J'ai senti sa peur avant même qu'il ne se tourne et ne s'éloigne de moi en courant. Sans réfléchir, je l'ai suivi. Ses jambes étaient plus longues que les miennes et, d'après ce que je pouvais voir, les rebelles ne l'avaient pas blessé. Il a donc pris beaucoup d'avance sur moi. Mais j'ai persévéré. J'étais résolue à le rattraper.

Le sentier s'arrêtait à un village. Une fois dans la clairière, j'ai aperçu l'homme ; appuyé contre une hutte, il essayait de reprendre son souffle. Je me suis arrêtée de courir, moi aussi. Il me dévisageait, la bouche grande ouverte. J'ai marché lentement vers lui. Au passage, j'ai remarqué que toutes les maisons du village étaient couvertes de branches de manguier longues et tordues. Comme c'était le cas à la ferme où j'avais vu le cobra, le village était depuis longtemps abandonné par ses habitants.

— Que veux-tu ? m'a demandé l'homme pendant que je m'approchais.

— Je suis très malade et j'ai besoin de votre aide.

— Que t'est-il arrivé ?

J'ai voulu répondre, mais aucun mot n'est sorti de ma bouche. J'ai essayé de nouveau. Rien.

— J'ai faim, ai-je finalement réussi à chuchoter.

L'homme s'est penché et a ramassé une mangue. Il me l'a tendue et, comme je ne faisais aucun geste pour la prendre, il a baissé les yeux et a vu l'étoffe tachée de sang.

— Ils t'ont coupé les mains ! s'est-il écrié, plein de rage. Ces bâtards de rebelles ! Je savais que tu étais blessée. C'est pourquoi j'ai couru. Je pensais qu'ils étaient peut-être proches. Tu dois aller voir le médecin, mais je ne peux t'y conduire. Les rebelles ont tiré un coup de fusil dans la jambe de ma belle-mère. Elle ne peut plus marcher. Il faut que je trouve quelqu'un pour m'aider à la transporter à Port Loko. Je ne peux vous aider toutes les deux. Tiens, a-t-il continué en portant la mangue à ma bouche.

J'ai secoué la tête. Je ne pouvais pas manger dans ses mains. Je ne voulais pas qu'on me nourrisse comme un bébé.

— Mets-la ici, a-t-il dit en levant doucement mes bras et en plaçant la mangue entre les plis du tissu.

Je suis parvenue à prendre quelques bouchées du fruit juteux. Pendant que je mangeais, l'homme m'a expliqué qu'il venait de Manarma. Sa famille et lui s'étaient enfuis dans les bois quand ils avaient su que les rebelles approchaient. La mère de sa femme était vieille. Elle ne courait pas vite, c'est pourquoi une balle l'avait atteinte.

— Je ne me rappelle pas t'avoir jamais vue au village, a-t-il continué. Mais c'est vrai que je ne sais pas vraiment à quoi tu ressembles. Tu es couverte de poussière et de sang de la tête aux pieds.

Je l'ai regardé fixement sans lui demander son nom. Puis, des larmes ont commencé à ruisseler sur mon visage.

— Je veux rentrer chez moi, ai-je sangloté. Je veux rentrer chez moi.

Je ne cessais de le répéter.

L'homme m'a prise par les épaules.

— Tu dois aller à l'hôpital. Sinon, tu vas mourir avant d'arriver chez toi. Il y a une clinique à Port Loko, près d'ici. Voici ce que je te propose : je vais t'accompagner jusqu'à la route qui mène à Port Loko. De là, tu devras continuer toute seule.

— Les rebelles ont dit qu'ils se rendaient à Port Loko, ai-je bredouillé entre mes sanglots. Je ne veux pas y aller... Pas toute seule.

— Tout ira bien, a repris l'homme d'une voix rassurante. Il y a des soldats du gouvernement à Port Loko. C'est un endroit sûr, même si les rebelles essaient d'attaquer. Il n'y a pas d'autre endroit où aller, fillette. Sans les médicaments qu'on te donnera là-bas, tu mourras.

Il avait raison, je le savais. Je devais essayer. J'ai essuyé mes larmes avec mes bras et, d'un signe de tête, je lui ai demandé de me montrer le chemin. Je l'ai suivi de près tandis qu'il marchait d'un pas régulier sur le sentier que nous venions de quitter. Nous ne nous sommes pas arrêtés, nous n'avons pas parlé, jusqu'à la route de Port Loko.

Cette route était bordée d'épaisses herbes à éléphant, d'arbrisseaux et de différentes sortes d'arbres fruitiers. Cette vision m'épouvantait, parce que des rebelles pouvaient facilement se cacher dans les broussailles. J'ai plongé mon regard dans celui de l'homme.

— S'il vous plaît, emmenez-moi avec vous, l'ai-je supplié. S'il vous plaît ! Je ne veux pas mourir.

D'un geste tendre, il a posé une main sur ma joue. Il a pris mon menton dans son autre main.

— Si tu viens avec moi, tu vas mourir, a-t-il insisté d'une voix douce. Je crois que tu ne comprends pas à quel point tu vas mal. Moi, oui. Suis cette route et, à mi-chemin, tu trouveras un village très proche de Port Loko. Là-bas, je suis sûr que quelqu'un pourra te conduire à l'hôpital.

Avant de partir, l'homme a essuyé mon visage avec un chiffon bleu sale.

— J'ai peur, ai-je chuchoté.

— Je sais. Tout le monde a peur. Mais tu dois continuer. Adieu !

Je l'ai regardé courir dans le sentier, me laissant toute seule au milieu de la route d'argile rouge poussiéreuse.

Chapitre 5

À Magborou, nous, les enfants, jouions avec des échasses fabriquées avec des planches, des boîtes de conserve et de la corde. Le but, c'était de voir qui marchait le plus vite ainsi perché — et, bien sûr, de nous faire mutuellement tomber. D'habitude, comme il y avait trop d'enfants pour le nombre d'échasses, nous les partagions. Mon amie Mariatu se tenait pieds nus sur mes pieds et s'agrippait à mon cou, alors que je me cramponnais aux cordes. C'était difficile de marcher à quatre pieds, même si Mariatu essayait de lever les siens au même rythme que moi. Avec elle par-dessus moi, c'était comme si je portais deux fois mon propre poids. Nous finissions toujours par éclater de rire et par tomber à la renverse l'une sur l'autre.

J'ai éprouvé la même chose quand j'ai entrepris le long trajet jusqu'à Port Loko. J'avais l'impression que le poids de mon corps avait doublé. Mais Mariatu n'était plus là, et j'étais terrifiée. Je sentais une pulsation dans mes bras, surtout au-dessus de mes poignets, autour de mes plaies.

C'était la saison sèche et il n'y avait pas un nuage dans le ciel. Le soleil était déjà très chaud, même si c'était encore le matin. Les odeurs de la forêt — bois en décomposition, fleurs de manguier, rosée — flottaient dans l'air chargé de la poussière de la route. Les oiseaux gazouillaient et croassaient. Je me suis arrêtée net, épouvantée, les premières fois que je les ai entendus. Dans mon imagination, je voyais des rebelles camouflés, en pantalon kaki, rampant dans les buissons à côté de moi. À chacun de mes pas, je croyais entendre le plus âgé ordonner aux enfants dont il était responsable : « Abattez cette fille ! »

Vers midi, mes pieds nus étaient couverts d'ampoules. J'avançais péniblement en me disant que je devais approcher du village mentionné par l'homme.

En effet, le paysage luxuriant est bientôt devenu moins dense. Les arbres étaient plus rares, et j'ai distingué certains bruits, comme des rires d'enfant et des bruissements de feuille.

J'ai accéléré le pas jusqu'à ce que j'arrive au centre du village. J'entendais encore les enfants, mais l'endroit était beaucoup plus calme qu'il aurait dû l'être. Deux femmes qui me tournaient le dos préparaient quelque chose qui ressemblait à du *fu fu* et du riz dans de grandes marmites d'acier. Assise près d'elles, une autre raccommodait un pantalon.

— Bonjour, ai-je dit aussi fort que j'ai pu.

J'avais la gorge si sèche que ma voix sortait comme un chuchotement. Aucune des femmes ne m'a entendue. Mais une autre personne a remarqué ma présence.

— Qui es-tu ? m'a crié un jeune garçon aux yeux globuleux.

Il a pointé un long doigt vers moi, comme les jeunes rebelles l'avaient fait avec leurs armes.

Les femmes ont sursauté et ont laissé tomber ce qu'elles tenaient dans leurs mains.

— Qu'est-ce que tu veux ? m'a demandé l'une d'elles.

Elle semblait être la plus âgée des trois. Ses cheveux courts étaient parsemés de fils gris. Elle a fait quelques pas dans ma direction, puis s'est arrêtée. Elle paraissait très sévère.

— Qu'est-ce que tu veux ? a-t-elle répété.

— S... s... s'il vous plaît, ai-je bégayé d'une voix un peu plus forte. Aidez-moi.

Je sentais que mes jambes allaient céder sous moi, mais je suis parvenue à rester debout.

— Les rebelles...

— Les rebelles commencent par envoyer des filles comme toi dans les villages, m'a-t-elle interrompue. Ensuite, quand on s'occupe de vous, ils attaquent. Où sont-ils ?

C'était une femme corpulente, et ses jambes robustes faisaient trembler le sol quand elle marchait.

— Dis-moi où ils sont, petite ! Où sont les rebelles ?

— Il n'y a pas de rebelles, ai-je répondu faiblement.

Les tempes de cette femme palpitaient, et un filet de sueur coulait de son cou jusqu'à ses seins nus.

— S'il vous plaît, ai-je supplié. Je suis blessée.

Sur ces mots, je me suis effondrée dans ses bras.

Elle m'a rattrapée, puis elle m'a allongée sur le sol poussiéreux. La femme qui cousait était plus grande ; elle avait un visage étroit et des pommettes hautes. Elle a posé le pantalon qu'elle rapiéçait sous ma tête pour me faire un oreiller, tandis que la troisième femme courait chercher de l'aide. La plus âgée a approché de mes lèvres une tasse de plastique remplie d'eau. J'en ai avalé quelques gorgées. Je n'osais pas trop boire, car j'avais de nouveau mal au ventre et j'avais peur de vomir.

La femme qui tenait la tasse a expliqué qu'elle avait entendu parler de filles comme moi qu'on utilisait pour tromper les gens. En pensée, j'ai revu celles qui étaient à Manarma avec les rebelles. Apparemment, ces filles feignaient d'être blessées et persuadaient des villageois sans méfiance de les aider. Pendant que tout le monde s'occupait d'elles, les rebelles se glissaient dans le village à l'insu de ses habitants et attaquaient.

Les deux femmes m'ont lavé le visage. Ensuite, elles ont délicatement déroulé l'étoffe qui entourait mes bras.

— Tes blessures sont très graves, a constaté la plus âgée. Il faut t'amener à la clinique de Port Loko. Peux-tu marcher ?

J'ai hoché la tête, et elles m'ont aidée à me relever. Elles ont marché à côté de moi, assez près pour me rattraper si je tombais. Nous sommes retournées vers la route principale et avons entrepris le trajet vers Port Loko.

Après quelque temps, de nombreuses femmes avec des corbeilles de fruits et de légumes sur la tête sont apparues sur la route. J'ai baissé les yeux pour éviter leurs regards, mais je les sentais posés sur moi.

Puis, une voix a crié :

— Toi. Toi. Toi !

En levant les yeux, j'ai aperçu un homme au torse nu qui me faisait signe.

— Toi ! a-t-il repris en venant vers moi. Regarde cette personne.

Il m'a indiqué un prisonnier qu'on traînait dans le chemin. Il avait une corde autour du cou et les poignets liés dans le dos, comme ceux d'Adamsay et les miens l'avaient été à Manarma.

— Le reconnais-tu ? m'a demandé l'homme au torse nu.

Je reconnaissais le prisonnier ligoté. Peu de temps auparavant, il avait épousé une belle femme de Magborou. Quand il avait annoncé ses intentions à son égard aux gens de notre village, sa famille et lui avaient reçu de grandes tasses pleines d'eau symbolisant l'approbation, la paix et la pureté. Un mois plus tard, le village entier l'avait accueilli pour la cérémonie du mariage. La fête allait durer une semaine. Il était arrivé chargé de nourriture. La famille de la mariée avait envoyé, par messager, la liste de ce qu'elle désirait : une chèvre, un grand sac de riz, des haricots, des beignets frits et des fruits. Comme c'est la coutume dans notre culture, le marié avait offert à sa promise une calebasse remplie d'articles pour la maison, dont une aiguille et du fil, des bonbons et un exemplaire du Coran. La calebasse contenait aussi une dot de plusieurs milliers de leones, la devise de la Sierra Leone, que les parents de la mariée avaient distribués aux membres de leur famille.

Pour la cérémonie, la femme portait un ravissant boubou deux pièces blanc et orné de dentelle, et un foulard assorti sur la tête. Le marié était vêtu d'une robe brune et dorée et d'une cape. Je ne le connaissais pas vraiment, mais il avait l'air gentil ; une fois, au cours des festivités, il avait pris ma main et avait dansé avec moi. Et voilà qu'on le traînait dans le chemin, comme la chèvre du mariage qu'on avait conduite à l'abattoir.

J'ai hésité, ne sachant pas ce qu'il fallait faire.

— Oui, je le connais, ai-je fini par répondre à l'homme au torse nu. C'est...

— Je le savais, m'a-t-il interrompue avec colère. On l'a attrapé avec un sac de l'armée et un foulard rouge comme ceux que portent les rebelles. Il en fait partie. Même s'il ne t'a pas personnellement tranché les mains, on va le tuer en ton honneur.

— Non, attendez ! ai-je protesté d'une voix faible, enrouée. Je le connais parce que c'est quelqu'un de mon village.

Ma tête tournait et je me sentais si faible que j'étais sûre de m'écrouler d'une seconde à l'autre. Je me suis en vain efforcée de trouver les mots qui le persuaderaient d'arrêter.

Tous les gens s'étaient rassemblés sur les côtés de la route comme des spectateurs. L'homme qui s'était adressé à moi a pointé son long fusil vers le prisonnier.

Bang ! Bang ! Bang ! Les trois coups ont résonné dans ma tête, pendant que l'homme que j'avais connu au mariage tombait à la renverse sur le sol.

J'ai fermé les yeux et adressé cette prière à Allah : « Je ne veux plus. Je ne veux plus voir de sang versé ! »

La clinique de Port Loko était un édifice carré en ciment gris. Toutes sortes de gens attendaient de recevoir de l'aide — il y avait des vieillards, des femmes tenant des bébés ensanglantés qui hurlaient, de jeunes enfants cachant leurs bras comme moi...

Les deux femmes m'ont conduite à une place libre sous un manguier. J'ai essayé de m'adosser au tronc de l'arbre, mais je n'en étais pas capable. Je me suis laissée tomber par terre et me suis endormie en continuant de voir dans ma tête des gens se faire massacrer.

À un moment, la femme plus âgée m'a secouée et m'a aidée à m'asseoir.

— Viens, a-t-elle dit en me guidant. Maintenant, l'infirmière peut te recevoir.

À l'intérieur de la clinique, il faisait encore plus chaud que dehors. Les rideaux blancs, sales, suspendus aux fenêtres ondulaient dans la brise, mais il y avait tellement de personnes étendues sur les planchers nus ou appuyées aux murs que ce petit vent ne rafraîchissait pas vraiment la pièce. J'avais de la peine à respirer.

Une femme vêtue d'une robe blanche empesée et d'une coiffe assortie m'a prise par les épaules. Elle m'a expliqué qu'elle était infirmière et qu'elle m'aiderait de son mieux. Après m'avoir allongée sur un lit métallique, elle a mis sur moi une mince couverture de la couleur du ciel.

J'ai fermé les yeux et laissé mon esprit dériver, tout en ayant conscience de tout ce qui se passait autour de moi : des femmes parlaient à voix basse, des enfants pleurnichaient... Parfois, quelqu'un criait et, quand je l'entendais, mon corps se raidissait. « Après, nous allons à Port Loko », ne cessait de répéter le rebelle dans ma tête.

J'ai senti que l'infirmière déroulait le tissu entourant mes bras.

— Où est-ce arrivé ? m'a-t-elle demandé.

— À Manarma, ai-je bredouillé.

— Qui t'a fait ça ?

— Les rebelles.

En prononçant les mots, j'ai été prise de panique. J'ai essayé de me redresser.

— Ils ont dit que, après, ils viendraient à Port Loko, ai-je répété de façon hystérique.

— Ici, tu es en sécurité, m'a assuré l'infirmière en s'efforçant de me calmer. L'ECOMOG[1] patrouille la ville. Si les rebelles attaquaient, ils seraient tués.

— Vous ne savez pas de quoi ils sont capables, ai-je insisté en tournant la tête d'un côté et de l'autre.

— Un camion de l'ECOMOG va emmener les gens les plus gravement malades à l'hôpital Connaught de Freetown, a-t-elle poursuivi. Ici, nous n'avons pas les médicaments nécessaires pour combattre ton infection. Tu dois aller dans ce camion.

Pendant qu'elle m'aidait à m'asseoir, j'ai remarqué pour la première fois qu'elle était jolie, avec ses pommettes saillantes et ses cheveux noirs lustrés sagement brossés sous sa coiffe. Elle semblait n'avoir que quelques années de plus que moi.

J'étais plus étourdie que jamais. Mon estomac se convulsait. J'avais des haut-le-cœur, mais j'étais incapable de vomir. L'infirmière m'a soutenue quand je me suis levée, puis elle m'a fait traverser un corridor bondé, jusqu'à la porte arrière de la clinique. Dès qu'elle l'a ouverte, je me suis mise à hurler. J'ai essayé de m'enfuir, mais elle m'a rattrapée.

— Les rebelles! criais-je. Les rebelles!

— Non, m'a-t-elle dit sur un ton rassurant. Ce sont des hommes de l'ECOMOG. Ils sont ici pour t'aider. Ils sont de ton côté.

---

1 L'ECOMOG est le groupe de contrôle des États de la communauté économique de l'Afrique de l'Ouest. En Sierra Leone, l'ECOMOG a déployé une unité pour aider à mettre fin à la guerre.

J'ai regardé plus attentivement les trois hommes debout à côté du camion. Armés de fusils, ils portaient le même pantalon kaki que les rebelles et des cartouchières autour de leur torse. La seule différence, c'était qu'ils avaient une chemise et un chapeau kaki.

Un des soldats m'a souri et s'est avancé vers moi.

— Puis-je te toucher ? m'a-t-il demandé.

Je n'ai rien dit quand il m'a soulevée et m'a fait monter à l'arrière du camion. Il y avait des bancs sur les côtés et une bâche verte au-dessus. Tout le reste était à ciel ouvert.

À l'intérieur, un soldat m'a trouvé un siège libre. J'ai frémi en voyant les visages ensanglantés tout autour de moi. Il y avait des gens sans oreilles, d'autres sans bras et une personne à qui il manquait un œil.

Puis, mon cœur s'est arrêté de battre. J'ai étouffé un cri en plongeant mon regard dans les yeux bruns de Mohamed, puis dans ceux d'Ibrahim.

CHAPITRE 6

Quelques années plus tôt, alors que j'étais assise sous un cocotier un après-midi, un minuscule tisserin jaune et brun était tout à coup tombé du ciel. J'ignore ce qui avait fait tomber ce petit oiseau, mais il avait atterri avec un bruit sourd sur la terre rouge. J'avais fait un geste pour l'aider, puis j'avais changé d'avis. Il était blessé. Il valait mieux pour lui mourir de sa propre mort que d'être porté au village, où il mourrait sans doute un ou deux jours plus tard après avoir beaucoup souffert ou, pire encore, de continuer à vivre avec une aile brisée. Pendant longtemps, j'avais observé cet oiseau obstiné tenter de se relever sur ses petites pattes grêles, battre follement des ailes, puis tomber à la renverse et demeurer sans bouger, avant d'essayer de nouveau.

Il s'était alors produit quelque chose de miraculeux. Après être resté immobile si longtemps que je l'avais cru mort, l'oiseau s'était redressé, plus solide que jamais, et il s'était envolé vers le ciel.

En voyant Ibrahim et Mohamed, je me suis sentie comme cet oiseau. Quelque chose m'avait fait dégringoler du ciel et, sur le sol, j'essayais de me relever. Je ne le pouvais pas et je me demandais si j'aurais la persévérance du tisserin. Je ne bougeais pas, dans un état second. Mes yeux vitreux se rivaient à ceux d'Ibrahim, puis à ceux de Mohamed. C'est Ibrahim qui a rompu le charme. L'air défait, il a poussé un soupir et regardé ses bras, bandés comme les miens. J'ai compris.

— Les rebelles lui ont aussi coupé les mains, ai-je murmuré d'une voix étranglée.

Puis, j'ai vu que Mohamed tenait ses bras de la même façon.

Un frisson m'a secouée, même s'il faisait très chaud à l'arrière du camion où nous étions entassés. Ma tête a glissé sur l'épaule de la personne assise à côté de moi.

— Pardon, ai-je dit.

— Ne t'excuse pas, m'a répondu une douce voix de femme.

Ma voisine a gentiment replacé ma tête sur son épaule ronde, puis elle m'a caressé le front avec ses doigts.

Pour éviter les rebelles, le camion de l'ECOMOG suivait la route la plus longue menant à Freetown. Elle était cahoteuse, pleine de nids-de-poule et de fossés. J'ai, malgré tout, réussi à dormir un peu, ma tête toujours sur l'épaule de ma voisine.

Je me suis réveillée quand le camion s'est arrêté, et la femme s'est tournée vers moi.

— Qu'est-ce qui t'est arrivé, belle enfant ? m'a-t-elle demandé calmement en repoussant les cheveux qui étaient tombés dans mes yeux. Non, ne réponds pas. Ménage ta voix.

Elle a versé un peu d'eau sur un linge qu'elle a passé sur mon front et sur mes joues.

— Je m'appelle Fatmata, a-t-elle poursuivi. Mon oncle a été pris dans l'attaque de Manarma ; comme toi, j'imagine. Mon frère et moi sommes ici avec lui.

D'un geste, elle m'a montré deux hommes assis à côté d'elle. L'un des deux était entièrement couvert de sang coagulé.

Les soldats de l'ECOMOG ont aidé les gens à descendre du camion. Quand ç'a été mon tour, mon corps s'est raidi et mes lèvres se sont mises à trembler. Fatmata a senti mon angoisse.

— Nous sommes à Lungi, a-t-elle dit. Il faut prendre un bateau jusqu'à Freetown. Ce n'est pas loin.

La nuit était tombée et, sur l'autre rive, je voyais briller des lumières sur des immeubles plus grands que des palmiers. Elles semblaient suspendues partout. À Magborou, nous passions la nuit dans le noir, sinon à la seule lueur du feu ou de nos lampes à kérosène.

— Puis-je rester avec toi? m'a chuchoté Fatmata.

Comme je l'ai constaté quand nous avons été debout côte à côte, elle était un peu plus grande que moi et un peu plus bâtie. Elle devait avoir une vingtaine d'années.

Elle m'a conduite au *pam-pam*, un bateau semblable au long canot de bois dans lequel les hommes de Magborou vont pêcher. J'ai distingué, enfoncés dans l'eau, d'autres *pam-pam* dont on ne voyait que la barre.

— Non! ai-je crié. Je ne veux pas y aller. Nous allons couler. Je suis sûre que je vais me noyer!

Je n'étais jamais montée à bord d'un bateau, et je savais que, sans mes mains, je serais incapable de nager.

Fatmata m'a assuré que tout irait bien.

— Je te tiendrai tout le temps. Nous arriverons à l'autre rive saines et sauves.

Nous sommes montées en dernier. Le bateau filait avec aisance, et mon appréhension s'est envolée pendant que je regardais les lumières de la ville danser sur l'eau. J'avais toujours désiré visiter Freetown, parce que les adultes du village affirmaient que c'était une grande ville excitante.

Nous avons accosté, et les soldats de l'ECOMOG nous ont conduits à un autre camion. Le véhicule semblait chanter en parcourant les rues de Freetown; je sais maintenant que c'était une sirène que j'entendais. En Occident, les ambulances actionnent leur sirène pour demander aux conducteurs de leur céder le passage. Mais, à Freetown, les gens massés dans les rues ne s'en préoccupaient pas. Ils déambulaient devant le camion sans se donner la peine de se ranger au bord du trottoir. Si je n'avais pas été dans ce triste état, je serais arrivée plus vite à l'hôpital en marchant.

À l'entrée de l'hôpital, une femme en uniforme d'infirmière nous a dit de nous rendre à un édifice situé à l'extrémité du grand complexe hospitalier.

— Nous allons y passer la nuit, m'a expliqué Fatmata. Ne t'en fais pas, petite. Je ne te quitterai pas.

Je n'étais pas encore entrée dans l'édifice qu'une odeur pestilentielle — de sang, de sueur, de vomi — m'a saisie à la gorge. La salle était bondée de gens couchés sur le sol de ciment. Il y avait du sang partout. Quand j'ai franchi la porte avec Fatmata, j'ai eu l'impression d'être un fantôme à la recherche d'un corps sain à posséder. Mohamed parlait toujours de ce phénomène. Mais on ne trouvait aucun corps sain dans cet immeuble : tout le monde était malade. Dès que j'ai été assise, je me suis mise à vomir.

J'ai été parmi les premières personnes à être traitées le lendemain matin. Quelques infirmières m'ont emmenée dans une salle blanche et claire. Une grosse lumière brillait au plafond. L'une d'elles m'a expliqué que c'était une salle d'opération.

Le médecin, un homme à la voix rauque et au nez chaussé de lunettes, portait une longue blouse blanche. Il parlait krio, mais une infirmière m'a traduit ses paroles en themné. Il voulait savoir si je connaissais quelqu'un à Freetown.

— Oui, mon oncle Sulaiman, ai-je répondu.

— Sais-tu où il habite ?

Sulaiman était le plus jeune frère de Marie et de mon père. Je n'étais jamais allée le voir, mais je savais qu'il faisait des affaires à Dovecut, un quartier commerçant de Freetown.

Le médecin a planté ce qui ressemblait à une longue aiguille à coudre dans mon bras en disant que cela allait m'endormir. À mon réveil, il faisait nuit et Fatmata était à mon chevet. Je me trouvais dans une grande salle pleine de lits. Fatmata m'a expliqué que c'était la salle des filles et qu'on y soignait des patientes de mon âge ou plus jeunes. J'ai en vain essayé de m'asseoir ; ce que le médecin m'avait administré m'étourdissait. Des bandages blancs entouraient mes bras. Aucune goutte de sang ne traversait le tissu.

Fatmata a approché une cuillerée de riz blanc de ma bouche. J'ai vomi avant d'avoir réussi à l'avaler.

— Tu dois manger, m'a-t-elle dit d'une voix douce. Tu as besoin de nourriture pour te donner de l'énergie. Nous réessaierons plus tard.

Je me suis endormie avant d'avoir pu répondre.

Le lendemain, quand elle m'a rendu visite, elle m'a annoncé que son oncle était mort de ses blessures. Elle avait pleuré, et je voyais qu'elle avait beaucoup de peine. Elle m'a demandé si j'aimerais essayer de marcher, et j'ai acquiescé d'un signe de tête.

— Ensuite, nous irons voir les garçons qui étaient dans le camion et que tu connais, a-t-elle suggéré. Ils ont demandé de tes nouvelles.

Nous sommes entrées dans la salle des garçons, et j'ai immédiatement reconnu Ibrahim. Il était couché sur un des nombreux lits métalliques.

— Salut, Mariatu, a-t-il dit en souriant.

Il ne s'est pas assis. Comme moi, il lui faudrait du temps pour apprendre à se redresser sans ses mains.

— Ça va ? m'a-t-il demandé.

J'ai hoché la tête en refoulant mes larmes.

— Surtout, ne pleure pas, Mariatu, ai-je entendu Mohamed crier.

Il était assis au bord du lit directement derrière celui d'Ibrahim, les jambes pendantes. Comme moi, ses bras étaient bandés.

Le même grand sourire que d'habitude éclairait son visage. Malgré l'épreuve qu'il venait de traverser, ses yeux pétillaient.

— Maintenant, nous sommes égaux, je suppose, a-t-il dit quand je me suis assise à côté de lui.

— Comment ça, égaux ?

— Eh bien, comment allons-nous faire pour nous battre ? Personne ne pourra gagner !

Je ne sais pas comment c'est venu, mais j'ai éclaté de rire. J'étais de nouveau le petit tisserin. Cette fois, cependant, j'avais l'impression que j'apprendrais à voler.

Chapitre 7

— Tu es enceinte !

Même si elle parlait themné, je ne comprenais pas ce que me disait la femme médecin en blouse blanche. Mes yeux sont allés de son visage rond à ses mains enfouies dans les poches de sa blouse. Abibatu, la sœur cadette de Marie, se tenait à côté d'elle. Partie de Port Loko, elle était arrivée à Freetown environ une semaine plus tôt.

— Tu es enceinte, m'a répété le médecin. Tu vas avoir un bébé. Tu comprends ?

Abibatu, une femme corpulente avec le même sourire chaleureux que Marie, avait les yeux pleins de larmes.

— Comment est-ce arrivé ? m'a-t-elle demandé.

— Je ne sais pas, ai-je marmonné. Je ne sais pas.

C'était absurde.

Depuis son arrivée, Abibatu assumait plusieurs des responsabilités de Fatmata. Elle m'aidait, notamment, à me laver. Un soir, alors qu'elle trempait un linge dans l'eau froide savonneuse, elle s'était exclamée :

— Mariatu, tes seins ont gonflé. C'était quand, ta dernière fois ?

Elle parlait de mes règles. Marie m'avait dit que je finirais par les avoir toutes les pleines lunes, mais elles n'étaient pas encore régulières, et je ne me souvenais plus quand je les avais eues la dernière fois.

— As-tu mangé depuis que tu es à l'hôpital ? avait-elle ensuite voulu savoir.

J'avais secoué la tête. Je vomissais immédiatement tout ce que j'essayais d'avaler, même le riz blanc et la semoule de maïs. J'avais mal au cœur dès que je reconnaissais l'odeur de la nourriture dans le corridor. Je parvenais parfois à prendre quelques cuillerées quand je tenais moi-même la cuiller de métal entre mes bras bandés. Mais je faisais le plus souvent signe à Fatmata ou à Abibatu de m'apporter un seau avant même que la cuiller ait atteint mes lèvres.

— Je veux que le médecin te fasse passer quelques tests, Mariatu, avait décidé Abibatu, l'air préoccupée. J'ai l'impression que tu es enceinte.

Je ne savais pas vraiment ce que le mot « enceinte » voulait dire. Je n'avais pas eu le temps de le demander, car une femme accompagnant une autre fille sans mains venait d'entrer dans la salle de bains. Abibatu m'avait aidée à sortir de la baignoire et à me sécher.

Quand je suis revenue à la salle des filles avec Abibatu, après avoir appris que j'attendais un enfant, Sulaiman et sa deuxième épouse, qui s'appelait aussi Mariatu, étaient là pour nous accueillir. L'hôpital les avait retracés et, depuis, ils me rendaient visite au moins une fois par jour.

Sulaiman pleurait à gros sanglots qui semblaient venir du fond de son ventre. C'était bouleversant. Je n'avais jamais vu un homme pleurer. Il était aussi très nerveux et, en me voyant, il s'est mis à agiter les bras.

— Qui t'a fait ça, Mariatu ? a-t-il demandé avec colère. Je vais le tuer de mes propres mains.

J'avais toujours aimé Sulaiman. Chaque fois qu'il venait à Magborou, il apportait aux enfants des bonbons de Freetown. Il ne nous parlait pas avec condescendance, comme d'autres adultes le faisaient, et il participait souvent à nos jeux. À présent, furieux, il fronçait les sourcils. Il s'est lancé dans une tirade ; pour commencer, il a blâmé Marie de ce qui m'était arrivé ; il a ensuite accusé le président de la Sierra Leone de ne rien faire pour mettre fin à la guerre, et les étrangers de ne pas aider notre pays. Je ne savais pas toujours de quoi il parlait. Il a fini par se calmer et il m'a annoncé qu'il voulait que j'aille habiter avec sa femme et lui. Mariatu a fait un pas en avant et a souri pour indiquer son accord.

— Tu dois d'abord te rétablir, a repris Sulaiman. Tes blessures ne sont pas complètement cicatrisées et tu prends encore des médicaments pour combattre l'infection. J'ai parlé avec les médecins et je sais qu'ils sont optimistes. Tu iras bien, aussi bien que possible sans tes mains. Et nous t'aiderons à t'occuper du bébé.

Après le départ de Sulaiman et de Mariatu, je me suis assise sur mon lit avec Abibatu.

— Qui t'a fait ça? m'a-t-elle demandé en caressant doucement mes bras. Ce sont les rebelles?

Je nageais en pleine confusion. On m'avait toujours dit que les bébés venaient du nombril des femmes. À Magborou, quand une femme attendait un bébé, son ventre grossissait puis, quand elle se mettait à se dandiner comme les canards blancs des étangs, elle entrait dans la maison de la guérisseuse. D'autres femmes du village l'accompagnaient. On entendait bientôt des cris, parfois pendant un jour et une nuit. Un jour ou deux plus tard, la nouvelle mère sortait de la maison en souriant, un nourrisson dans les bras.

— Non, les rebelles ne m'ont pas fait ça, ai-je répondu à Abibatu. Mais c'est sûrement une erreur. Ce sont les femmes qui ont des bébés, pas les petites filles.

J'ai observé son visage, cherchant des réponses.

Elle s'est allongée tout près de moi et m'a expliqué comment on faisait les bébés.

Après, elle m'a laissée dormir. Incapable de bouger, je ne cessais de repenser à ce qu'elle m'avait dit à propos du sexe et des hommes. Et puis, j'ai compris. J'ai compris ce qui m'était arrivé.

Ça avait commencé environ un mois avant de fuir vers Manarma, alors que nous étions quasiment tous réfugiés dans la brousse, parce que nous avions une fois de plus entendu dire que les rebelles approchaient. Comme la fin du ramadan arrivait, cependant, Marie et Alie étaient rentrés à Magborou avant nous afin de prier et de s'assurer qu'il n'y avait pas de danger.

Un soir, après le repas, Ibrahim et Mohamed étaient allés se coucher de bonne heure, me laissant toute seule avec Adamsay auprès du feu. Assises sous les étoiles, nous regardions mourir les flammes quand Salieu s'était approché.

— Ya Marie et Pa Alie m'ont demandé de veiller sur vous, les filles, avait-il annoncé avec un sourire de travers.

Mon dos s'était raidi. Je sentais un chatouillement dans tout mon corps, comme un avertissement. Cet homme ne me plaisait pas du tout. Il y avait en lui quelque chose qui m'effrayait.

Aux aguets, j'étais restée immobile pendant que le feu se transformait en braises. J'avais trop peur pour bouger. Muette, j'écoutais Adamsay et Salieu parler de Magborou et de ses habitants. J'avais fini par trouver la force de me lever et de leur souhaiter bonne nuit.

Nous nous étions fabriqué des lits de feuilles et de branches, et je m'étais recroquevillée dans le mien. Mais je ne trouvais pas le sommeil, et il y avait une bonne raison à cela. Peu de temps après, j'avais entendu des pas lourds près de moi. J'avais fermé les yeux, comme si je dormais. J'espérais que c'était Adamsay, dont la paillasse se trouvait à côté de la mienne. Mais je savais que ce n'était pas elle.

Salieu s'était allongé à côté de moi. Je pensais qu'il ne me ferait rien si j'avais l'air de dormir, mais il avait commencé à promener ses mains sur moi, à caresser mes cheveux et mes seins, à s'insinuer entre mes jambes. Je m'étais alors assise sur ma couche.

— Qu'est-ce que vous faites ? Où est Adamsay ? avais-je hurlé.

Il s'était contenté d'esquisser un sourire sinistre et avait recommencé à me toucher. Je sentais l'odeur fétide de son haleine et de sa sueur.

— Arrêtez! Arrêtez! Arrêtez! avais-je crié de toutes mes forces.

Quelques secondes plus tard, j'avais entendu des pas, puis j'avais reconnu la voix d'Ibrahim.

— Qu'est-ce qu'il y a? Qu'est-ce qui se passe?

Salieu s'était redressé d'un bond, lissant de la main sa chemise de coton et son pantalon. J'avais rabaissé ma jupe, qui était remontée au-dessus de ma taille.

— Mariatu a fait un cauchemar, avait répondu Salieu à Mohamed et à Ibrahim comme s'il venait tout juste d'arriver.

Il s'était agenouillé et m'avait donné un baiser sur le front.

— Ce n'est rien, petite. Rendors-toi. Je vais aller chercher Adamsay. Tu te sentiras en sécurité avec elle.

Le lendemain, j'étais rentrée à Magborou avec mes cousins. Salieu avait rejoint sa première épouse et ses deux jeunes enfants dans leur village. Je m'étais sentie soulagée et j'espérais que je ne le reverrais jamais. Ce qu'il m'avait fait me remplissait de gêne et de confusion. Je n'en avais soufflé mot à personne.

Mais Salieu avait alors commencé à venir régulièrement à Magborou. Il entrait directement dans notre maison et demandait un marteau à Alie, ou des piments, une aiguille et du fil à Marie; il disait que sa famille manquait de tout à cause de la guerre. Tout le temps qu'il était là, il me lorgnait du coin de l'œil. J'avais la chair de poule quand il était dans les parages. Son odeur continuait de flotter dans l'air après son départ.

— Marie, il faut que je te parle de quelque chose, avais-je dit un après-midi pendant que nous lavions des casseroles à la rivière. Salieu n'est pas un homme bon. Dans la brousse, il m'a touchée. Il me fait peur et je ne veux pas l'épouser. Je ne veux plus qu'il tourne autour de moi.

Jamais je n'oublierai ce qui s'était passé ensuite. Marie s'était tournée, avait ramassé une branche sur le sol et m'avait frappée au visage, si fort que j'étais certaine de saigner. J'étais restée figée, en état de choc.

— Ne manque pas de respect à Salieu, m'avait-elle ordonné d'une voix dure. Il est bon. Il ne te ferait jamais de mal. Il veut te protéger. Ne parle plus jamais en mal de tes aînés.

Nous avions repris notre tâche. J'avais ravalé mes larmes.

Quelques jours plus tard, Salieu était entré dans notre maison pendant que j'étais seule. Tous les autres travaillaient aux champs.

— Où est Ya Marie ? m'avait-il demandé.

— Elle arrive, avais-je menti.

Je voulais lui faire croire qu'elle reviendrait d'une minute à l'autre. Il s'était assis sur un des bancs du salon.

— Je vais l'attendre.

J'avais voulu sortir, mais il s'était levé brusquement et m'avait attrapée par la taille. J'avais commencé à lui donner des coups de poing et de pied.

— Si tu fais du bruit, je vais voir à ce que tu sois punie, avait-il dit froidement.

Il m'avait traînée dans le corridor et m'avait jetée sur le sol de la pièce à l'arrière de la hutte. Il avait mis un bout de tissu dans ma bouche, avait déchiré le haut de mon vêtement et relevé ma jupe si haut qu'elle couvrait mon visage. J'avais senti son poids sur moi, puis je l'avais senti me pénétrer en donnant de grands coups. J'avais mal.

J'avais essayé de me libérer, de ruer, de griffer, mais il était trop fort. Je n'avais que douze ans. Lui, il était grand et musclé comme Alie.

Quand il avait eu fini, il avait rabaissé ma jupe, lissé mes cheveux et caressé ma joue. Il s'était penché vers moi, si près que son nez touchait le mien.

— Ne le dis à personne, m'avait-il ordonné d'une voix basse, enrouée.

Il avait retiré le bâillon de ma bouche et m'avait embrassée doucement sur les lèvres.

Je n'avais raconté à personne ce qui s'était passé. D'ailleurs, je ne savais pas exactement ce que Salieu m'avait fait.

À présent, je le savais ; et j'attendais un bébé.

Je me suis assise dans mon lit dans la salle des filles et j'ai regardé autour de moi. J'ai vu le flacon de pilules bleues posé sur ma table de chevet ; Abibatu m'avait dit que c'étaient des antidouleurs. Dans la salle, les autres filles dormaient profondément.

J'ai repoussé le drap, à présent trempé de sueur, et j'ai projeté mes jambes pour me mettre debout sur le sol de ciment. J'ai saisi la bouteille de pilules entre mes bras et me suis rassise sur le lit. Avec mes bras bandés, j'ai essayé d'enlever le bouchon. La pression me faisait mal, mais j'ai persévéré.

J'ai redoublé d'efforts et j'ai réussi à ouvrir le flacon.

Je me suis arrêtée un moment pour prier :

— Prenez-moi, Allah. Prenez-nous, le bébé et moi. Je veux mourir.

CHAPITRE 8

Parfois, le silence résonne plus fort qu'une voix.

J'avais eu tort de penser que les autres filles dormaient et que les gens de ma famille étaient partis pour la nuit, qu'ils se trouvaient chez Sulaiman quelque part dans Freetown. Abibatu était encore à l'hôpital. Elle s'était couchée par terre à côté d'un autre lit et, au moment où je portais la bouteille à ma bouche, elle a surgi de nulle part et me l'a arrachée. Les minuscules pilules bleues se sont éparpillées sur le sol — on aurait cru entendre trottiner des souris.

Le silence est retombé quand la dernière pilule a cessé de tournoyer. J'ai alors senti monter à l'intérieur de moi une rage comme je n'en avais jamais éprouvée avant. Une énergie qui bouillonnait, tourbillonnait, incontrôlable. Furieuse, je me suis tournée, puis je me suis jetée contre Abibatu. Je lui ai crié des injures. J'ai craché sur elle. Je l'ai frappée. Je lui ai donné des coups de pied quand elle a essayé de m'agripper.

À ce moment-là, toutes les filles étaient réveillées dans la chambre et me regardaient, bouche bée.

Abibatu a reculé quand je me suis jetée sur le lit, puis sur le sol. L'espace d'un instant, j'ai eu envie de la tuer. Ainsi, plus personne ne m'empêcherait de nous supprimer, moi et le bébé que je portais.

Je suis restée longtemps assise par terre, mes genoux repliés contre ma poitrine, ma tête appuyée contre mes bras bandés. Ma colère s'est enfin apaisée et j'ai compris que, si je tuais Abibatu, il y aurait une personne de moins sur terre pour se soucier de moi.

Abibatu m'a bercée dans ses bras pendant que je pleurais sans pouvoir m'arrêter.

— Je ne veux pas que tu tues ton bébé, m'a-t-elle dit doucement, pensant que c'était à l'enfant que je voulais faire du mal.

Mais je voulais, moi aussi, mourir.

— Je n'ai pas d'avenir, ai-je dit à Abibatu. Je n'ai pas d'avenir.

Je ne cessais de répéter ces mots. Elle m'a retournée vers elle et m'a parlé d'une voix ferme :

— Ne dis pas ça. Tu as plusieurs raisons de vivre. Ta mère. Ton père. Tes cousins, ta grand-mère, tes tantes. Ils t'aiment tous, et tu les aimes.

J'ai secoué la tête. Je ne voulais pas l'écouter.

Les autres patientes se sont rendormies, et le silence est revenu dans la chambre. J'ai regardé une mouche voleter autour d'une lampe à kérosène. Comme une vague qui vient frapper la grève, quelque chose m'a submergée, et j'ai retrouvé ma lucidité.

— Tu as raison, ai-je dit à Abibatu. Tu as raison.

Elle m'a aidée à me recoucher et s'est allongée à côté de moi. À mon réveil, le lendemain matin, elle était encore là et ronflait doucement.

Au fil des semaines, je suis devenue de plus en plus consciente de la réalité de ma situation. Parfois, Salieu occupait toutes mes pensées. Je détestais le bébé qui grandissait à l'intérieur de moi, parce qu'il me rappelait son père. Je me sentais presque capable de composer avec ce que les rebelles m'avaient fait. Après tout, Ibrahim et Mohamed, et des centaines d'autres jeunes, avaient aussi perdu leurs mains. Savoir que nous partagions le même sort, que nous allions devoir apprendre à survivre et à prendre soin de nous-mêmes après avoir traversé une épreuve aussi terrible, m'apportait un certain réconfort. Malgré nos blessures, nous avions commencé à manger et à nous laver seuls. Avec mes moignons couverts de bandages, je parvenais à me brosser les dents et à me peigner. Mais le bébé faisait de moi quelqu'un de différent.

Une nuit, j'ai rêvé que Salieu entrait dans la salle des filles et qu'il s'asseyait près de moi sur une chaise métallique.

— *Pourquoi veux-tu te tuer? m'a-t-il demandé. Pourquoi veux-tu tuer le bébé?*

Je n'ai pas répondu.

— *Je sais que tu n'as pas aimé ce que je t'ai fait. Tu n'y étais pas prête. Mais je t'aime. Et je veux que tu aies ce bébé pour moi, parce que ma femme et moi n'avons eu que des filles. J'ai toujours voulu avoir un fils.*

J'ai tourné vers lui mon visage barbouillé de larmes.

— *Je te déteste, ai-je dit entre mes dents. Je ne veux plus jamais te voir. Va-t'en.*

— *Je suis mort. Mais je continuerai toujours à te voir et je te guiderai. Je ne te laisserai pas tuer le bébé. Je sais que tu auras un garçon. Et, même si je ne suis pas avec lui, ma famille le prendra et s'occupera de lui pour toi.*

— *Comment vas-tu m'empêcher de me tuer? ai-je crié.*

— *Je sais ce que tu essaies de faire. Je viens ici chaque jour pour m'assurer que tu vas bien.*

— *Pourquoi m'as-tu fait ça?*

— *Je suis désolé. C'était une erreur.*

— *NON! NON! NON! ai-je hurlé. Ce n'était pas une erreur. Une erreur, c'est quand on sale trop le riz. Si ce que tu m'as fait était une erreur, c'est la plus stupide de ta vie. Tu aurais dû le savoir. Tu as détruit toutes mes chances de bonheur. Je n'ai plus de mains, et j'ai un bébé qui grandit en moi, un bébé que je ne pourrai jamais aimer. Il devrait mourir maintenant, parce qu'il mourra plus tard. Je ne pourrai pas m'occuper de lui. Je ne veux plus te voir. Je t'ai dit de t'en aller. Va-t'en!*

Je me suis réveillée en sursaut. Ce rêve avait été si réel qu'il m'a fallu quelques minutes pour me calmer et comprendre où j'étais.

Quand Abibatu est arrivée ce matin-là, je lui ai décrit mon rêve et j'ai fini par lui raconter ce qui s'était passé.

— Ah! Comme ça, tu vas avoir un garçon. Salieu sera très heureux.

— Heureux, *lui*! ai-je protesté avec indignation. Et moi? Et mon bonheur à moi?

Je lui ai confié qu'avant, c'est-à-dire avant les rebelles, j'avais désiré épouser Musa, avoir quatre enfants — deux filles et deux garçons — et porter une belle robe longue africaine pour mon mariage. C'était comme ça que j'imaginais le bonheur. Maintenant, cette seule pensée me remplissait de tristesse.

J'avais longtemps cru que ma cousine Adamsay était morte. J'avais même dit aux médecins, aux infirmières, à Mohamed et à Ibrahim que les rebelles l'avaient assassinée. À Freetown, on m'avait raconté qu'une centaine de personnes avaient perdu la vie pendant ce raid à Manarma. Mais Adamsay n'était pas du nombre. Les rebelles lui avaient aussi tranché les mains. Après cela, elle avait traversé toute seule la brousse jusqu'à Port Loko. Sale et ensanglantée, elle errait dans les rues, dans les marchés achalandés, quand le mari d'Abibatu était tombé sur elle. Abibatu l'avait conduite à Freetown.

Quand nous avons été réunies dans la salle des filles de l'hôpital, nous avons éclaté en sanglots. Nous sommes restées enlacées pendant ce qui nous a paru des heures, jusqu'à ce qu'on l'amène à la salle d'opération pour soigner ses blessures. Ensuite, nous ne nous sommes pour ainsi dire plus quittées.

Nous étions désormais suffisamment guéries pour passer nos journées dehors. Au début, Adamsay, Mohamed, Ibrahim et moi nous promenions sur le terrain de l'hôpital et observions la rue de l'autre côté de la haute clôture.

D'après ce que je pouvais voir, Freetown était un endroit trépidant avec beaucoup de voitures et de gens qui allaient au travail ou au marché, et qui en revenaient. Il y faisait aussi très chaud, plus chaud qu'à Magborou, probablement à cause de tous les édifices et des gens pressés les uns contre les autres. L'air ne circulait pas très bien dans cette ville malpropre.

Certaines des femmes que nous apercevions portaient des jupes soyeuses, des blouses avec des boutons et des cols étranges. Même si je n'avais jamais vu de tels vêtements, j'étais encore plus intriguée par la façon dont les plus jeunes s'habillaient. Elles mettaient des pantalons parfois tellement courts que leurs fesses débordaient. En Sierra Leone, les femmes sont connues pour avoir des fesses rondes et charnues. Nous les camouflions sous des jupes et des robes longues, parce qu'on nous avait appris que seul notre mari aurait un jour le droit de voir cette partie de notre anatomie. Les seins servent à nourrir les bébés, et c'est pourquoi les femmes se promènent naturellement la poitrine nue, surtout quand il y a un bébé à allaiter aux alentours. Mais montrer son derrière ! Le comportement de ces filles me laissait complètement abasourdie.

— Freetown est très différent de Magborou ! me suis-je exclamée un jour en observant la scène avec Mohamed.

Il n'a pas répondu. Il regardait fixement les femmes, et un sourire étrange illuminait son visage. Vraiment, les hommes et les garçons sont bizarres !

Dehors, une autre vision insolite nous attendait : les patients eux-mêmes. Quelques hommes, femmes et enfants couverts de bandages, meurtris, mutilés, déambulaient devant l'entrée de l'hôpital avec des sacs de plastique qu'ils tendaient aux passants. De temps en temps, les citoyens de Freetown jetaient quelques leones dans un sac. Mais, la plupart du temps, ils secouaient la tête et poursuivaient leur chemin.

J'ai bientôt compris que ces patients mendiaient. À l'hôpital, la plupart des gens étaient pauvres et venaient de la campagne. Ils s'étaient retrouvés à Freetown après avoir été attaqués par les rebelles.

J'ai également remarqué que c'étaient les enfants comme moi — qui n'avaient plus de mains — qui obtenaient le plus de succès. Les habitants de la capitale avaient pitié de nous et nous donnaient plus d'argent qu'aux personnes plus âgées.

À Freetown, les gens savaient tout ce qu'il y avait à savoir sur la guerre. Quand elle avait éclaté dans l'est du pays, quelques années auparavant, de nombreux villageois avaient fui vers la capitale, et des centaines d'entre eux vivaient maintenant dans la ville, dans les hôpitaux, dans des endroits appelés camps de réfugiés ou directement dans la rue, dormant là où ils posaient leur tête. Plus tard, en janvier 1999, des combats avaient éclaté dans la ville. Quand les rebelles avaient frappé Magborou, ils venaient de se retirer de Freetown.

Ibrahim, Mohamed, Adamsay et moi avons un jour décidé de tenter notre chance. Bientôt, nous avons commencé à mendier quotidiennement, même si je détestais chaque moment de cette activité.

Tous les matins, ma haine envers le monde se réveillait en même temps que moi. Quand le soleil se levait et déversait sa lumière dans la salle, j'ouvrais les yeux avec une sensation de brûlure. Mes premières pensées étaient toujours pour ma vie avant Salieu, avant le bébé, avant l'arrivée des rebelles. Le matin me rappelait tout ce que j'avais perdu.

Habituellement, la journée commençait quand Adamsay me secouait avant le réveil des autres patientes et me chuchotait:

— C'est l'heure.

Sur la pointe des pieds, je me dirigeais vers la salle de bains en contournant les corps endormis des filles qui n'avaient pas encore découvert qu'elles pouvaient gagner leur vie en mendiant. Je passais un linge mouillé sur mon visage et dans mes cheveux. Ensuite, je rajustais ma jupe et mon corsage.

Adamsay, Ibrahim, Mohamed et moi nous retrouvions à l'entrée de l'hôpital. Nous nous saluions d'un signe de tête, mais nous parlions rarement en nous éloignant de la grille. Même s'il était très tôt, les rues grouillaient de monde.

Les bonnes journées, ensemble, nous pouvions gagner jusqu'à dix mille leones, soit environ trois dollars. Le vendredi était habituellement le meilleur jour : nous nous postions à l'entrée de la mosquée et attendions que les hommes en sortent. Comme ils venaient de prier, ils se sentaient d'humeur généreuse quand ils nous voyaient.

Dans la rue, la plupart des gens évitaient de me regarder. Ils jetaient parfois un coup d'œil à mes bras bandés, là où j'avais eu des mains, et ils secouaient la tête. Certains arboraient une expression consternée ; d'autres semblaient plutôt soulagés de n'avoir pas eux-mêmes subi d'aussi horribles blessures. La seule constante, c'était que peu de personnes osaient me regarder dans les yeux. J'ai appris qu'il valait mieux fixer le sol jusqu'à ce que quelqu'un jette quelques leones dans mon sac de plastique noir. Je levais alors les yeux pour dire merci, puis je me hâtais de les baisser de nouveau.

Avec l'argent, mes cousins et moi achetions, au marché, une bouteille d'eau que nous nous partagions. Comme toujours, Mohamed se concentrait sur le bon côté des choses.

— Mariatu, tu te rappelles cette femme qui t'a parlé devant la gare routière ? m'a-t-il demandé un jour.

J'ai hoché la tête. Une grande femme maigre vêtue d'une jupe bleu marine et d'une blouse blanche m'avait demandé :

— Où est ta famille ? Où habites-tu à présent ? Pourquoi t'ont-ils coupé les mains ?

Comme chaque fois que quelqu'un me posait des questions, j'avais pensé : « Pourquoi veux-tu savoir ça ? Mon histoire est exactement celle des autres filles ici, à Freetown, qui ont perdu leurs mains à cause de la guerre. » J'avais quand même répondu :

— Maman est dans notre village. Je vis maintenant à l'hôpital avec mes cousins. Je ne sais pas pourquoi les rebelles m'ont tranché les mains.

La femme avait mis vingt-cinq mille leones dans mon sac noir. Une fortune, plus d'argent que je n'en avais jamais gagné en une journée entière !

— Je pense qu'elle veut t'adopter, a repris Mohamed en me faisant un clin d'œil. Je sais que ce sera toi, Mariatu, a-t-il ajouté. Ce sera toi.

Mohamed voulait dire que je serais celle de nous quatre qu'une famille riche adopterait. Nous étions à l'hôpital depuis environ un mois, et on racontait que des gens fortunés, tant à Freetown que dans des pays lointains, adoptaient des enfants blessés pendant la guerre.

Au début, j'ignorais ce que signifiait le mot « adoption ». Mais Mohamed m'a expliqué que cela ressemblait à ce qui s'était passé quand ma mère et mon père m'avaient envoyée vivre chez Marie. Je me suis permis de rêvasser un peu à ce que ma vie serait si j'étais la fille d'une autre famille, une famille riche : j'aurais de beaux vêtements, de la nourriture à volonté, de la sécurité et des nuits remplies de sommeil. Tout ce que nous avions à Magborou.

Puis, les mots terribles qu'on me lançait au moins une fois par jour ont interrompu ma rêverie :

— HÉ, MENDIANTE, QU'EST-CE QUI T'EST ARRIVÉ ?

Un minibus appelé *poda-poda* est passé à toute allure. Penchés à la fenêtre, deux adolescents se moquaient de moi.

— Es-tu au moins capable de manger toute seule ?

— Tu devais être au mauvais endroit au mauvais moment, a crié l'autre. À présent, il va falloir que quelqu'un s'occupe de toi jusqu'à la fin de tes jours.

J'ai gardé la tête baissée en feignant de ne pas entendre. Mais ces mots étaient comme un couteau qui s'enfonçait dans mon cœur. J'ai eu la gorge nouée et, de nouveau, j'ai eu envie de me tuer. « Pourquoi cela m'est-il arrivé à moi ? » me suis-je demandé, pleine de rage.

CHAPITRE 9

Je savais que, quand on nous enlèverait nos bandages et qu'on les remplacerait par des diachylons pour garder nos plaies propres, nous devrions quitter l'hôpital. Je croyais que nous retournerions à Magborou, et cette perspective me terrifiait. Les rebelles ! Et s'ils rôdaient encore dans la campagne ? Cela inquiétait également le personnel de l'hôpital. Les employés ont dit à Abibatu que nous pouvions nous installer dans un camp appelé Aberdeen, établi à Freetown pour accueillir les victimes de la guerre.

Comme il était aussi dangereux de retourner à Port Loko, Fatmata a aidé Abibatu à organiser notre installation à Aberdeen. Elle a accepté d'habiter avec nous pendant quelque temps et de m'assister quand le bébé serait né. Je me sentais impatiente. J'avais hâte de déménager, parce que nous aurions tous enfin la possibilité de dormir sous le même toit.

Un jour pluvieux, comme Adamsay, Mohamed, Ibrahim et moi revenions à l'hôpital après avoir mendié, un jeune homme au grand sourire et au visage joufflu nous a accueillis à la porte d'entrée. J'avais l'impression de le connaître. C'était Abdul, l'oncle de Mohamed. Celui-ci s'est jeté dans ses bras.

Abdul vivait à Freetown. Il avait vu le nom de Mohamed sur une liste de la Croix-Rouge apposée à un tableau d'affichage au centre de la ville. Cette liste donnait le nom des personnes déplacées de leurs villages. Apprenant que son neveu en faisait partie, il avait laissé tomber ce qu'il était en train de faire et était accouru à l'hôpital.

Abdul ressemblait beaucoup à Mohamed. Il racontait le même genre de blagues et était toujours de bonne humeur. Il a commencé à aider les garçons et à leur préparer à manger, comme Fatmata et Abibatu le faisaient pour moi. Quand Ibrahim et Mohamed n'étaient pas en train de mendier, il les emmenait se balader dans la ville.

Abdul était un homme fier et heureux. La tête haute, le torse bombé, il marchait et parlait avec assurance. Mais, en présence de Fatmata, il baissait les yeux, voûtait les épaules et bafouillait parfois ; il semblait toujours nerveux, et son corps se balançait légèrement. Pourtant, quand il parvenait à regarder dans sa direction, un sourire irrésistible éclairait son visage.

En présence d'Abdul, Fatmata changeait aussi de personnalité. Habituellement calme et pondérée, elle devenait très bavarde et parlait de tout et de rien, passant de la pluie aux terribles conditions de vie à l'hôpital, où de nombreux enfants dormaient dans les corridors parce qu'on manquait de lits. Abdul et Fatmata étaient en train de tomber amoureux. J'étais ébahie. J'ai alors commencé à m'intéresser à l'intrigue qui se déroulait devant mes yeux.

Fatmata m'aidait toujours à me mettre au lit. Un soir, je suis sortie discrètement de la chambre et je l'ai suivie dans les corridors. Il n'était pas difficile de rester cachée, parce que l'hôpital était bondé à toute heure du jour et de la nuit. Abdul l'attendait près de l'entrée principale. Timidement, ils se sont pris par la main et se sont éloignés dans la nuit de Freetown.

L'amour peut être contagieux. En les observant, j'ai, l'espace d'un instant, oublié mes problèmes. Mais, quand je me suis retournée, j'ai vu des fillettes assises sur le sol, le dos au mur, privées de mains, comme moi. J'ai alors pensé à mes propres mains, à Salieu et au bébé qui grandissait en moi.

Nous étions sur le point d'emménager au camp des amputés. Abibatu a pris l'argent que nous avions gagné en mendiant pour acheter des fournitures — de la vaisselle, des casseroles, de la literie, des piments et du riz. Elle en a également utilisé une partie pour acheter un billet d'autobus pour Abdul. Il avait accepté de se rendre à Manarma et à Magborou à la recherche de Marie et d'Alie. C'était là une mission dangereuse, et Fatmata l'avait supplié de ne pas y aller. Depuis le soir de l'attaque, nous n'avions reçu aucune nouvelle de mon oncle et de ma tante. Leurs noms n'avaient jamais été prononcés quand les gens hospitalisés après avoir été pris dans les raids comparaient leur histoire.

— Qu'est-il arrivé à Ya Marie et à Pa Alie ? demandais-je.

Mais personne ne pouvait me répondre. J'avais peur qu'ils soient morts. Quel bonheur quand j'ai appris que mes craintes n'étaient pas fondées !

Une semaine plus tard, Abdul est revenu avec Marie et Alie ; ils étaient sales, couverts de poussière, très amaigris, mais indemnes, heureusement.

Un soir, après le souper, alors que nous étions rassemblés autour du lit de Mohamed, Marie et Alie nous ont raconté qu'ils s'étaient cachés dans la brousse quand les rebelles avaient attaqué Manarma. Après, Alie était allé de village en village, au péril de sa vie, pour essayer de nous retrouver. Ses recherches n'ayant donné aucun résultat, ils avaient craint que les rebelles nous aient tués ou emmenés dans la brousse pour devenir des soldats.

À un moment au cours de la soirée, Adamsay a chuchoté à Marie que j'étais enceinte. Marie s'est mise à gémir, et ses pleurs ont résonné dans la salle des garçons. Elle sanglotait sans pouvoir s'arrêter. Plus tard, je l'ai accompagnée à notre chambre pour qu'elle passe la nuit dans mon lit.

— Si seulement je t'avais crue quand tu m'as parlé de Salieu la première fois ! a-t-elle dit en pleurant lorsque je lui ai raconté le viol. Si seulement j'avais fait plus attention ! Pourras-tu me pardonner un jour, Mariatu ?

J'ai séché ses larmes avec mon gros bandage et tenté de la consoler :

— Abibatu a dit que nous allons déménager dans une jolie nouvelle maison. Tu vas voir, Marie. Tout ira mieux maintenant.

J'étais à l'hôpital depuis un peu plus de deux mois quand nous avons emménagé au camp des amputés d'Aberdeen. Une amère déception m'attendait. Il était sale, jonché de détritus et de vêtements tombés des cordes à linge tendues un peu partout. Il y avait des chiens, et des gens de toutes les tailles et de toutes les couleurs de peau, parlant une variété de dialectes de la Sierra Leone. Les odeurs de déchets, de corps sales et de cuisson donnaient la nausée.

Nous habitions dans une grande tente divisée en huit chambres par des rideaux de toile. Elle accueillait environ cinq familles, et une chambre était assignée à chaque amputé. Je partageais la mienne avec Abibatu et Fatmata, qui habitait auparavant à Freetown chez des parents éloignés. Notre chambre donnait sur celle d'Adamsay, qui dormait avec Marie et Alie. Toutes les familles utilisaient le même trou dehors pour faire du feu et cuire la nourriture. Au camp, nous recevions du boulgour, de la semoule et de la fécule de maïs, de l'huile de palme et des haricots. C'était à peu près tout.

À l'époque, les gens de Freetown — sans parler de nous, les enfants mutilés — avaient très peu de choses. À cause de la guerre, les fermiers ne pouvaient aller vendre leurs produits à la ville. La viande, le manioc, les haricots et l'eau potable se faisaient donc de plus en plus rares. La responsabilité de trouver ces denrées a bientôt incombé aux enfants. Nous avons commencé à gagner la vie de nos familles en mendiant.

Dans le camp, il y avait une place centrale où tout le monde se rassemblait pour entendre les nouvelles de la guerre. Là, nous avons appris que les rebelles s'étaient à plusieurs reprises glissés dans le camp, la nuit, pour voler les maigres provisions.

— Faites attention, nous a conseillé une femme qui partageait notre tente. Ne vous déplacez pas tout seuls la nuit et dormez avec d'autres personnes autour de vous. Si vous avez un couteau ou un fusil, gardez-le à portée de la main.

Je savais qu'aucun membre de ma famille ne possédait d'arme.

Quelques personnes d'Aberdeen avaient tenté de cultiver un jardin, mais les rebelles avaient tout arraché. Selon certaines rumeurs, ils avaient même forcé la salle contenant les fournitures médicales et avaient pris tous les bandages, les pilules, l'équipement médical et les seringues. On racontait qu'ils envoyaient des lettres dans lesquelles ils menaçaient de revenir. Personne ne savait si ces rumeurs étaient fondées, mais nous avions tous très peur. Un jour, quelqu'un du camp nous a lu à voix haute une lettre supposément écrite par un rebelle :

Nous allons venir vous attraper. Nous allons en finir avec vous tous. Le gouvernement ne nous aide pas, mais il vous aide, vous. Alors, nous allons venir et trancher les mains de tous ceux qui les ont encore, et aussi les mains des personnes qui s'occupent de vous. Pourquoi ? Parce que vous ne méritez pas l'aide du gouvernement, l'argent qu'il vous donne, les vêtements et la nourriture. Nous, oui.

Cette lettre m'a glacée jusqu'aux os, parce qu'elle ranimait en moi d'atroces souvenirs. En réalité, il s'agissait de mensonges, parce que le gouvernement ne nous aidait pas. À Aberdeen, nous étions plus de quatre cents qui n'avions plus de mains. Au moins quatre fois ce nombre — surtout des parents, comme Abibatu, Marie et Alie — s'y étaient aussi installés pour prendre soin des blessés. Il n'y avait pas assez de place pour tous. Le camp avait à peu près la taille du terrain de soccer de Freetown.

Nos parents cuisinaient pour nous et nous nourrissaient. Une fois par mois, le camp recevait une livraison de farine, qu'il distribuait aux premières centaines de personnes qui faisaient la queue. Notre famille devait se présenter très tôt, sinon elle ne recevait rien. L'argent que mes cousins et moi ramenions en mendiant payait une grande partie de notre nourriture et de nos vêtements. Les jours où nous gagnions peu, nous ne mangions pas ou juste quelques cuillerées de riz. Nous mourions de faim.

Environ un mois après notre installation, Abdul est arrivé un soir après le souper. À présent que Mohamed et Ibrahim pouvaient compter sur Alie pour les aider à prendre soin d'eux-mêmes, Abdul avait repris son ancienne vie — il avait un petit magasin à Freetown. Il nous a annoncé qu'il avait quelque chose de spécial à nous dire et nous a demandé de nous réunir le lendemain soir.

Marie s'est efforcée de préparer un bon repas pour lui. Elle a pris les quelques leones que nous, les enfants, avions mis de côté et est allée acheter du poisson au marché. Nous nous doutions tous que nous aurions bientôt une occasion de célébrer.

Après le repas, Abdul nous a annoncé la nouvelle ; il était assis à côté de Fatmata et lui caressait la main en parlant :

— Fatmata et moi allons nous marier !

Elle a baissé la tête timidement, et il lui a donné un baiser sur la joue.

Nous avons tous sauté de joie. Les femmes ont pris Fatmata dans leurs bras en l'embrassant. Les hommes ont donné des tapes dans le dos d'Abdul et lui ont serré la main. L'air radieux, les fiancés nous ont dit qu'ils prévoyaient organiser la cérémonie chez l'oncle de Fatmata à Freetown. Il serait trop dangereux pour nous de nous rendre à Port

Loko, où habitait la famille de Fatmata. Ils voulaient se marier tout de suite, la semaine même s'ils le pouvaient.

Mais, comme nous l'avons appris après le départ d'Abdul et des autres hommes, il y avait un problème.

— Tu attends ce jour depuis ton initiation au *bondo*, a dit Abibatu à Fatmata avec un grand sourire.

Celle-ci a de nouveau baissé la tête.

— Je suis désolée, a-t-elle répondu. Je n'ai pas été initiée.

— Quoi ? s'est exclamée Abibatu. Eh bien, tu ne peux pas te marier avant d'être initiée ! Nous allons le faire tout de suite, ici même, au camp.

La plupart des filles de la Sierra Leone que je connais ont été initiées à ce que nous appelons la société secrète *bondo*. J'ai eu ma propre initiation quand j'avais environ neuf ans. Au cours de la semaine précédente, on m'avait interdit de travailler aux champs ou d'effectuer une autre tâche. Je ne pouvais même pas aider Marie à cuisiner et à nettoyer.

— Détends-toi, m'avait dit Marie. Le *bondo* n'arrive qu'une fois dans la vie d'une fille. Promène-toi, natte-toi les cheveux et fais de longues siestes pendant l'après-midi.

Le *bondo* est considéré comme un rite de passage pour les jeunes filles. Les garçons et les hommes n'ont pas le droit d'approcher de l'endroit où il est pratiqué.

La veille de mon initiation, Marie avait préparé des plats de riz spéciaux avec du poisson, de la viande de chèvre, des haricots et des épices ; elle ne servait ces mets qu'aux grandes occasions, comme l'Aïd-el-Séghir.

Le lendemain, Adamsay et moi l'avions suivie jusqu'à la rivière ; environ huit fillettes s'y trouvaient déjà. Chacune était accompagnée de sa mère ou d'une tante. Nous avions toutes reçu un savon blanc intact.

C'était très inhabituel, car nous avions toujours partagé le savon avec les autres membres de notre famille. C'était la première fois qu'on m'en donnait un juste pour moi.

— Lavez-vous mieux que vous ne vous êtes jamais lavées, nous avait ordonné Marie.

Après être restées longtemps dans la rivière, Adamsay et moi avions enfilé nos vêtements africains et nous étions dirigées vers la brousse pour retrouver la *digba*, la femme qui présiderait à l'initiation. Elle nous attendait.

On avait construit une hutte spécialement pour les autres filles et moi ; ce serait notre maison. Nous ne serions autorisées à la quitter que pour utiliser les toilettes et, avant de sortir, il nous faudrait nous enduire le visage et le corps d'une peinture blanche, plâtreuse, symbolisant notre pureté et la transition de l'état d'enfant à celui de fille ou de femme. Jusqu'à la fin de l'initiation, nous ne pourrions être vues en public que couvertes de cette peinture.

C'était amusant de vivre dans la hutte ; cela rappelait un peu les camps d'été pour filles en Amérique du Nord. Nous restions éveillées très tard, à nous raconter des potins et des histoires. La société secrète nous rendait aussi proches que des sœurs.

Il n'y a qu'une partie du *bondo* que je n'avais pas aimée, et elle s'était produite au cours de notre première nuit dans la brousse. Nous avions mangé les mets délicieux préparés par les femmes. Puis, on avait étalé une pièce de tissu sur le sol de terre battue et on m'avait dit de m'allonger dessus. Même si des filles plus âgées étaient initiées en même temps que moi, la *digba* m'avait désignée pour être la *karukuh*, celle qui est investie de pouvoirs spirituels. À ce titre, j'allais être la première à subir l'initiation. On avait relevé ma jupe au-dessus de ma taille. Certaines des tantes et des mères avaient maintenu mes pieds et mes bras, pendant que les autres, dont Marie, jouaient du tam-tam et chantaient. On avait posé un linge sur mes yeux.

J'avais senti la *digba* couper mon vagin. La douleur était atroce. J'avais crié et je m'étais débattue pour me libérer. J'avais même mordu une des femmes qui me maintenaient.

Ensuite, on m'avait fait asseoir sur une chaise avec des bandes de coton entre mes jambes pour stopper l'hémorragie. J'avais vu Adamsay et les autres filles de mon village traverser la même épreuve. Après cela, nous avions toutes souffert pendant des jours. Cependant, nous avions beau nous sentir terriblement mal, nous pouvions au moins en rire, parce que nous avions toutes vécu la même expérience.

Pendant les quatre mois que nous avions passés dans la hutte, les femmes du village nous avaient montré comment tenir une maison, notamment comment cuisiner et coudre. Nous avions appris à préparer des mets pour guérir certaines maladies et à utiliser des herbes pour traiter la toux et la fièvre. À la fin de notre séjour, nous étions rentrées au village, où une grande fête nous attendait, et nous avions toutes dansé.

L'initiation au *bondo* de Fatmata ne s'est pas passée dans la brousse, mais dans une des chambres du camp. La cérémonie n'a duré qu'une nuit, car Fatmata savait déjà cuisiner, coudre et soigner les maladies. En Occident, cette pratique de la coupure, connue sous le nom d'excision, fait l'objet de critiques sévères. Mais, en Sierra Leone, les filles et les femmes non initiées sont considérées comme des étrangères.

Le mariage a été célébré environ un mois après l'initiation de Fatmata. Un imam a béni le couple et récité une sourate, un passage du Coran. Puis, nous avons dégusté un bon repas de riz et de chèvre. Et voilà : Abdul et Fatmata étaient mariés !

Fatmata rayonnait de bonheur ce jour-là, et de la voir ainsi m'a rendue heureuse, moi aussi. Pour moi, elle était comme un cadeau du ciel ; elle était apparue à l'un des moments les plus noirs de ma vie et s'était occupée de moi à Freetown jusqu'à l'arrivée de ma famille. Elle était devenue ma mère, ma sœur et mon amie dès le premier instant où le sort nous avait réunies à l'arrière de ce camion de l'armée à Port Loko.

Je me suis sentie triste après son mariage. J'ai même pleuré un peu. J'aurais voulu fêter cette occasion pendant des jours, des semaines, comme nous le faisions quand des couples se mariaient à Magborou. Mais j'imagine que les choses se passent ainsi quand c'est la guerre : on n'a pas souvent l'occasion de se réjouir.

CHAPITRE 10

Un jour, vers la fin de l'après-midi, après avoir mendié dans les rues, je me dirigeais vers notre tente quand j'ai aperçu Musa qui parlait avec Marie. J'avais maintenant un très gros ventre et je me dandinais comme les femmes de Magborou juste avant qu'elles accouchent. Chaque matin, je marchais avec mes cousins jusqu'à la tour de l'horloge de Freetown, l'endroit le plus passant de la ville, idéal pour mendier, mais je ne pouvais suivre leur rythme au retour et, souvent, j'étais si loin derrière que je n'arrivais au camp qu'à la nuit tombée. Depuis peu, je rentrais dès que la brume épaisse de l'après-midi commençait à descendre sur la ville.

Quand j'ai reconnu Musa, je me suis arrêtée net, paralysée. Une partie de moi voulait s'enfuir. Une autre voulait se jeter dans ses bras.

Il m'a vue avant que j'aie pris ma décision. Son visage s'est éclairé d'un grand sourire.

— Bonjour, Mariatu. Comment vas-tu ? m'a-t-il demandé.

Je n'ai pas réagi quand il m'a serrée dans ses bras. L'odeur de son corps chaud m'a rappelé toutes les fois où nous étions ensemble au champ, main dans la main sous le soleil brûlant de l'après-midi. J'étais désespérée à l'idée de ne plus jamais tenir sa main.

— Veux-tu que nous allions nous promener ?

— Bien sûr, ai-je répondu en haussant les épaules.

Chemin faisant, il m'a raconté sa vie depuis la dernière fois où nous nous étions vus. Les rebelles avaient incendié son village, mais sa mère et lui avaient eu le temps de s'échapper. Ils avaient réussi à se rendre à

Freetown et habitaient chez des membres de leur famille dans un appartement bondé.

Fuyant les rebelles, les villageois affluaient maintenant à Freetown et, lorsqu'ils venaient de la même province, ils se reconnaissaient. L'un des voisins de Musa avait fui Manarma juste avant l'attaque. Il avait entendu dire que quatre cousins de Magborou s'y étaient fait couper les mains. Craignant que je sois du nombre, Musa avait aussitôt accouru au camp.

Lorsque nous sommes revenus à la tente, Mohamed, Ibrahim et Adamsay étaient en train de prendre leur repas du soir, une soupe de riz et d'arachides.

— Veux-tu manger? ai-je proposé à Musa.

Il a secoué la tête et, d'un geste, je l'ai invité à me suivre à l'intérieur. Nous nous sommes assis côte à côte sur ma natte.

— Dis-moi ce qui t'est arrivé, Mariatu, m'a-t-il suppliée.

Il m'a écoutée avec patience lui débiter mon histoire.

Quand j'ai eu fini, il s'est mis à pleurer.

— Si seulement j'étais resté avec toi, nous aurions pu échapper aux rebelles ensemble. Je t'aime.

Mon corps s'est raidi. Ses paroles résonnaient dans ma tête. J'avais envie de répondre : « Moi aussi, je t'aime. » Mais je ne l'ai pas fait. Je ne voulais plus qu'il m'aime. Je me suis laissée tomber en avant, mes bras sous moi.

— Musa, ai-je dit d'une voix dénuée d'émotion, je pense que tu dois trouver quelqu'un d'autre.

— Non! a-t-il crié.

Il m'a attirée dans ses bras et a commencé à me bercer, mais je l'ai repoussé.

— Va-t'en. Va-t'en et ne reviens plus. Je ne veux plus te voir, pas comme ça.

J'ai levé les bras, puis j'ai frotté mon ventre de femme enceinte.

— Je veux que tu trouves une fille normale et que tu aies une vie normale. Et je veux que tu te souviennes de moi comme j'étais avant; que tu gardes l'image de celle que j'étais.

— C'est *toi* que je veux, Mariatu.

— Musa, ai-je crié. Je te l'ai dit: arrête de m'aimer!

— Mais je veux être avec toi, a-t-il bredouillé. Je veux que tu appelles ton bébé Musa et que tu sois un jour ma femme, comme nous nous l'étions promis.

— Cela n'arrivera jamais, ai-je affirmé en le repoussant. Je te demande de t'en aller et de ne jamais revenir.

Il a continué à protester, mais chacune de ses paroles ne faisait que m'éloigner davantage. J'ai cessé de l'écouter. Je n'avais même plus envie de discuter avec lui. Je l'ai laissé parler sans répondre.

Quand le silence est enfin tombé, il m'a embrassée sur le front et s'est relevé lentement.

— Je reviendrai, a-t-il promis. Je vais te convaincre que nous pouvons encore être ensemble.

Je ne l'ai même pas regardé sortir de la tente.

Musa est revenu deux fois avant la naissance du bébé. C'était toujours juste avant le coucher du soleil, dès mon retour au camp. Chaque fois, je lui ai dit que j'étais trop fatiguée pour parler; je l'ai laissé près du feu, à bavarder avec Ibrahim et Mohamed, et je suis entrée toute seule dans la tente. Je ne pleurais pas. Quand la pensée de Musa surgissait dans ma tête, je me hâtais de la chasser. Et pourtant, lorsque je l'entendais dire au revoir, je sentais un grand vide à l'intérieur de moi.

Un matin, peu après sa troisième visite, je me suis réveillée très tôt. Dehors, il faisait encore noir. Mes vêtements étaient trempés de sueur et, malgré la chaleur, j'avais froid et je tremblais. En me tournant sur moi-même pour me lever, j'ai éprouvé une violente douleur à l'abdomen. La douleur s'est répandue dans mes bras et dans mes jambes.

— AÏE ! ai-je hurlé. AÏE !

Me tordant sur ma natte, j'ai appelé en criant Abibatu, Fatmata et Marie.

Abibatu avait déchiré des draps et laissé un petit panier de lanières propres à côté de ma natte. Elle prévoyait s'en servir quand les autres et elle m'aideraient à accoucher. Fatmata avait rassemblé des vêtements usagés pour le bébé. La majorité lui avait été donnée par le père Maurizio, un prêtre italien chauve et presque toujours souriant qui œuvrait au camp.

Marie s'est précipitée dans la chambre. Elle a tâté mon ventre, puis m'a examinée.

— Quelque chose ne va pas, a-t-elle déclaré. Tu n'es pas dilatée.

Elle a couru chercher l'infirmière du camp, qui a posé le même diagnostic.

— Mariatu doit accoucher à l'hôpital, a-t-elle décrété. Je vais appeler l'ambulance.

Nous l'avons attendue pendant plusieurs heures. Une jeep de la Croix-Rouge est enfin venue, et nous avons passé encore quelques heures à nous faufiler dans les rues grouillantes de monde de Freetown. Il était midi lorsque nous sommes arrivés à la maternité. Mes contractions étaient rapprochées, violentes.

Là, une femme médecin nous a expliqué que ma filière pelvienne était trop étroite.

— Et le bébé est gros, a-t-elle ajouté. Il n'a pas l'espace nécessaire pour sortir. Nous allons devoir pratiquer une intervention qui s'appelle « césarienne ».

Elle a passé son doigt sur mon ventre pour me montrer où se ferait l'incision.

Elle m'a planté une aiguille dans le bras, et c'est la dernière chose dont je me souviens.

Plusieurs heures plus tard, je me suis réveillée dans une chambre claire, dans laquelle la lumière se déversait par une grande fenêtre ouverte. Apathique, j'ai regardé des grains de poussière danser dans les rayons du soleil. Mes paupières allaient se refermer quand je me suis soudain rappelé où j'étais et pourquoi. Quand j'ai essayé de m'asseoir, une nouvelle souffrance m'a assaillie. J'ai repoussé le drap et vu les bandages sur mon ventre.

J'ai éclaté en sanglots, et la fille qui partageait ma chambre a appelé à l'aide.

Abibatu est vite venue me réconforter. Un instant plus tard, Marie est entrée avec mon bébé. Abibatu l'a pris dans ses bras.

— C'est un garçon, a-t-elle dit.

Un garçon, exactement comme Salieu l'avait prédit dans mon rêve. Il était emmailloté dans une couverture bleue. Je ne distinguais que son petit visage rond et ses cheveux noirs plaqués sur son crâne. Il gazouillait. Au premier regard, toute ma colère s'est envolée. Avec ses joues douces et potelées, il ressemblait tout à fait à l'idée que je m'étais faite d'un ange. « Je peux prendre soin de cet enfant, ai-je pensé. Je peux même l'aimer. »

— Comment veux-tu l'appeler ? m'a demandé Marie.

— Abdul, ai-je répondu spontanément.

Je n'y avais pas pensé avant, mais j'ai su tout de suite qu'il s'appellerait Abdul, en l'honneur de l'Abdul de Fatmata, l'oncle de Mohamed.

Abibatu a tenu Abdul tout en m'aidant à m'asseoir et en plaçant des oreillers derrière mon dos. Elle a mis le bébé entre mes bras.

Jamais je n'avais senti autant d'amour dans mon cœur.

Abdul faisait des bruits de succion et plissait les lèvres comme un poisson.

— Qu'est-ce qu'il a ? ai-je demandé en gloussant.

— Je pense qu'il a faim, a répondu Abibatu.

— Allez, petite maman, a plaisanté Marie.

Elle a tenu Abdul pendant qu'Abibatu relevait mon corsage.

— Que fais-tu ?

— Tu vas allaiter ton enfant, m'a dit Marie.

Elle a replacé Abdul dans mes bras, a poussé son visage contre mon sein et a posé sa bouche sur mon mamelon.

Mon sentiment d'amour s'est aussitôt transformé en colère. Personne ne m'avait dit que ce serait ma responsabilité.

— Pourquoi ne le nourrissez-vous pas, vous ? ai-je demandé à Marie et à Abibatu.

Marie a éclaté de rire.

— Mariatu, mes seins sont vieux. Il ne reste plus de lait dedans. Et comme Abibatu n'a jamais eu d'enfant, elle ne peut allaiter. Tu es la seule à le pouvoir.

Je suis restée environ deux semaines à l'hôpital. Avant de me permettre de retourner à Aberdeen, les médecins voulaient s'assurer que mon ventre guérissait bien et que j'allaitais Abdul.

— Il y a beaucoup de maladies au camp, m'a expliqué une infirmière : la malaria, la dysenterie, le rhume et la grippe. Tu dois être en santé pour que ton lait donne à Abdul la force de survivre à ces mauvaises conditions.

— Et nous manquons de nourriture, a renchéri Abibatu. Alors, il est important que tu manges le plus possible pendant que tu es ici.

Au camp, certaines personnes étaient si maigres qu'on voyait leurs côtes à travers leurs t-shirts. Elles respiraient bruyamment et toussaient en marchant. Quelques amputés avaient succombé à leurs blessures, et certains étaient morts dans leurs propres tentes. La nuit, il était naturel d'entendre des cris de douleur. Mais je m'étais habituée à ces bruits. Je n'avais pas compris que plusieurs des maladies du camp pouvaient se transmettre d'une personne à l'autre.

Abdul dormait dans un petit berceau métallique à côté de mon lit. Abibatu, Marie et Fatmata avaient l'impression que lui et moi formerions de meilleurs liens si nous étions tout le temps ensemble, mais cela n'est pas arrivé. Il pleurait dans son berceau et je ne pouvais pas bouger. Je me contentais de le regarder fixement jusqu'à ce qu'une des femmes le place sur ma poitrine pour que je le nourrisse. Je ne le berçais pas. Je ne lui chantais pas de berceuses. Je ne lui parlais pas. J'ignore pourquoi.

La première fois que j'ai vu la plaie béante de la césarienne sur mon ventre, j'ai eu un haut-le-cœur. « Et quoi encore ? ai-je seulement pensé. Quelle est la prochaine difformité qui m'attend ? »

Quand l'infirmière a eu fini de m'enlever mes points, je suis allée directement à la salle de bains au bout du corridor. Dans l'intimité d'une cabine, j'ai essayé de déchirer mes bandages avec mes bras et mes dents. J'avais conçu un plan : me frapper le ventre, rouvrir la plaie et mourir au bout de mon sang. Mais j'ai été incapable d'arracher les bandages. J'ai fini par renoncer et j'ai appuyé la tête contre le mur.

Depuis que j'avais découvert ma grossesse, j'avais traversé de graves crises de dépression, suivies de moments d'euphorie pendant lesquels j'oubliais tout ce qui se rapportait à la guerre. Cela m'était arrivé à l'occasion du mariage d'Abdul et de Fatmata. Je me sentais alors pleine d'espoir. Je rêvais qu'un jour ce serait moi qui porterais la belle robe de mariage africaine. Mais, quand mon regard s'est levé vers le plafond de la salle de bains, je me suis demandé si je connaîtrais de nouveau un jour un moment de bonheur.

Chapitre 11

Ibrahim, Mohamed et Adamsay m'ont témoigné beaucoup de gentillesse à mon retour au camp. Ils ont pris le bébé à tour de rôle et m'ont demandé de leur raconter mon accouchement.

— J'étais endormie presque tout le temps, ai-je répondu.

Tout le monde me donnait un surplus de nourriture, surtout des légumes. Pendant les repas, j'écoutais rêveusement mes cousins raconter leur journée, parler des enfants qu'ils avaient rencontrés quand ils mendiaient dans les rues ou relater des événements cocasses, par exemple la volée de coups reçue par quelqu'un qui avait volé un ananas à un marchand. Puis, Abdul commençait à pleurnicher. Mes cousins s'éloignaient pendant que Marie ou Abibatu me tendait le bébé. Les ombres projetées par le feu ne parvenaient pas à cacher la frustration qu'exprimait mon visage.

Il était absolument hors de question que j'aille mendier, même si j'en mourais d'envie. J'avais déployé tous les efforts possibles pour convaincre Marie de m'y autoriser.

— Nous avons besoin de plus de nourriture, faisais-je valoir, parce que vous m'en donnez vraiment beaucoup.

— Non.

Ma déception était encore plus grande quand Mohamed se moquait de ma situation.

— Tu es une femme maintenant, Mariatu, disait-il en riant. Pourquoi traînerais-tu avec des jeunes comme nous ? Reste à la maison avec les adultes et nourris ton bébé. Nous allons prendre soin de toi.

Je désirais tellement accompagner mes cousins que, un matin, après avoir fini d'allaiter Abdul, je l'ai remis à Fatmata, me suis levée et ai déclaré :

— Demain, j'irai avec les autres.

— Tu ne peux pas, a protesté Marie. Abdul a besoin de toi.

— Je suis préoccupée, est intervenue Abibatu. Abdul et toi n'êtes pas proches comme un enfant et sa mère doivent l'être. Il passe presque tout son temps avec Marie, Fatmata et moi.

— J'accompagnerai Mariatu, a alors dit une voix à l'entrée de notre tente.

Étonnées, nous nous sommes tournées pour voir qui avait parlé. Mabinty se tenait là, ses mains sur ses grosses hanches.

C'était une vieille dame qui vivait dans l'une des autres pièces. Elle n'avait pas été blessée à la guerre, mais les rebelles avaient brûlé sa maison. Elle avait marché jusqu'à Freetown avec d'autres personnes de son village. Elle s'ennuyait de sa fille, qui habitait au village de son mari au nord de la Sierra Leone.

— Si je pouvais y aller sans craindre de tomber dans une embuscade tendue par les rebelles, je partirais demain, se lamentait-elle.

Les rebelles continuaient d'envahir les villages, mais moins souvent que par le passé, et les victimes arrivaient moins nombreuses à Freetown. Pourtant, les forces de l'ECOMOG avertissaient les habitants de ne pas emprunter les routes principales et de ne pas traverser l'ouest du pays en cas d'attaques imprévues.

N'ayant pas grand-chose à faire au camp, Mabinty s'occupait parfois d'Abdul, le lavait dans une des grosses cuves de plastique ou le berçait pour l'endormir en lui fredonnant des chansons en themné.

— J'accompagnerai Mariatu, a-t-elle répété. Je m'occuperai d'Abdul pendant qu'elle mendiera avec ses amis. Dans mon village, je cuisinais, je cousais et j'aidais à prendre soin de beaucoup de bébés. J'étais une grand-mère pour bien des enfants. À présent, je dois me contenter de regarder les femmes plus jeunes préparer à manger.

J'ai couru vers Mabinty et je l'ai serrée dans mes bras.

— Merci! Merci! ne cessais-je de répéter.

Marie, Abibatu et Fatmata ont levé en même temps les bras en l'air.

— Qu'allons-nous faire de toi, Mariatu? s'est exclamée Marie.

Le lendemain, je me suis remise à mendier. Adamsay me réveillait le matin. Si Abdul dormait encore, je courais dehors me brosser les dents avant de le réveiller. Après l'avoir nourri, je partais avec Adamsay, Ibrahim, Mohamed, Mabinty et Abdul.

Souvent, Adamsay et moi nous séparions des garçons, parce que les citoyens de Freetown donnaient plus d'argent aux filles. Nous nous dirigions jusqu'à la tour de l'horloge, au centre de la ville, puis nous revenions vers le camp. Le bébé dans les bras, Mabinty nous suivait de près. Quand il avait faim, nous nous arrêtions toutes les trois derrière un éventaire, au marché, ou bien dans une ruelle, à l'écart des autres enfants. Je m'asseyais dans la poussière et je l'allaitais. Mabinty restait debout devant moi pour qu'on ne me voie pas. Puis, je lui rendais Abdul et me remettais à mendier pendant une heure ou deux, jusqu'à ce qu'il m'indique qu'il avait de nouveau faim en plissant les lèvres et en pleurnichant.

Mes journées se sont écoulées ainsi pendant quelque temps. Un après-midi, j'ai tenu Abdul pendant que Mabinty parlait avec une autre femme âgée. Je marchais de long en large, impatiente, quand un homme a jeté quarante mille leones (environ douze dollars) dans mon sac de plastique noir. Jamais je n'avais reçu une telle somme d'un seul coup.

— Pauvre petite, a-t-il soupiré.

Il a caressé la tête d'Abdul avant de s'éloigner.

Enthousiaste, j'ai raconté à Mabinty ce qui venait d'arriver.

— Il a eu pitié de toi, m'a-t-elle répondu.

— Pourquoi?

— Parce que tu n'as pas que toi à nourrir, tu as aussi Abdul. Écoute: maintenant, c'est toi qui vas porter l'enfant, et tu gagneras plus que tous les autres.

En effet, les passants me remarquaient toujours quand j'avais Abdul dans les bras. À partir de ce moment, j'ai commencé à faire plus d'argent que tous mes cousins ensemble.

Abdul avait quelques mois quand un responsable du camp est venu me voir un soir dans notre tente. Il m'a dit en krio que des journalistes étrangers arriveraient le lendemain. À force d'entendre les gens parler krio à Freetown, j'avais fini par le comprendre. Ces journalistes, m'a-t-il expliqué, voulaient interviewer et photographier des amputés de guerre. Accepterais-je de me présenter le lendemain matin avec Abdul au centre du camp pour les rencontrer?

J'étais déconcertée.

— Qu'est-ce qu'un journaliste? ai-je demandé.

— C'est une personne qui racontera ton histoire aux gens d'autres pays.

— Et qu'est-ce qu'ils veulent de Mariatu? est intervenue Marie. Ce n'est qu'une pauvre fille de la campagne.

— Plus maintenant, a répondu le responsable. Son village a été détruit, et les rebelles l'ont mutilée. Le monde doit être informé de la guerre qui sévit en Sierra Leone.

— Qu'est-ce que Mariatu en tirera? a insisté Abibatu.

— Peut-être qu'une personne lira un article à son sujet et lui enverra de l'argent, essaiera de l'aider.

Apparemment, des étrangers envoyaient de l'argent et des fournitures à plusieurs jeunes du camp.

— Certains enfants iront même vivre en Occident, dans des pays riches où il n'y a pas de guerre, et tout ça parce que les journalistes parlent de nos problèmes au monde.

J'ai commencé par refuser en pensant à tout ce que je perdrais si je n'allais pas mendier. Mais Marie et Fatmata m'ont encouragée à y aller.

— Quelqu'un entendra peut-être parler de toi et te donnera de l'argent, Mariatu, m'a dit Fatmata.

Le lendemain matin, un peu contrariée de laisser mes cousins aller à Freetown sans moi, j'ai marché jusqu'au centre du camp avec Abdul dans les bras. Maussade, je me suis assise sur un banc, à l'écart de l'endroit où les journalistes discutaient avec le responsable. Quand celui-ci m'a aperçue, il a couru vers moi en souriant. Il m'a conduite à une grande table où quatre personnes étaient assises. L'espace d'un instant, j'ai été incapable de prononcer un mot. Pour la première fois de ma vie, je voyais des gens aux yeux bleus et aux yeux verts, aux cheveux blonds ou bruns, des hommes et des femmes à la peau incroyablement claire.

Une femme rousse aux cheveux courts a mis la main sur mon épaule et m'a saluée en krio.

J'ai été impressionnée, parce que Marie et Alie nous avaient dit que ces étrangers ne parlaient ni themné, ni krio, ni mendé, les trois langues principales de la Sierra Leone. Cette femme était jolie, et je me suis sentie à l'aise avec elle.

— Peux-tu leur raconter ce qui t'est arrivé ? m'a demandé le responsable du camp.

Ne sachant par où commencer, je suis restée silencieuse, à réfléchir. La dame aux cheveux roux a dit quelque chose au responsable, qui s'est alors tourné vers moi.

— Elle veut savoir si tu es ici avec ta famille.

— Oui, ai-je répondu.

C'était une question facile.

Le responsable a traduit une autre question.

— As-tu besoin de quelque chose ?

— De légumes, d'eau potable, de savon, de nouveaux vêtements, de vaisselle.

Je ne sais pas d'où cette réponse m'est venue, mais je me suis mise à énumérer tout ce qui nous manquait au camp, des choses que nous possédions à Magborou.

J'ai ensuite commencé à raconter mon histoire, du moins en partie.

— Je m'appelle Mariatu. Je suis une victime de l'attaque des rebelles contre Manarma. Des enfants soldats m'ont gardée en otage pendant dix heures, puis ils m'ont coupé les mains. Je vis maintenant à Aberdeen avec mes cousins Adamsay, Ibrahim et Mohamed, qui étaient aussi présents au moment de l'attaque de Manarma. Eux aussi ont perdu leurs mains.

— Quel âge a ton bébé ? a voulu savoir la femme rousse.

— Il s'appelle Abdul. Il a cinq mois.

Ma première entrevue avec les médias a duré une quinzaine de minutes. Le représentant a ensuite fait faire le tour du camp aux journalistes et m'a demandé de les suivre. À un certain moment, j'ai dû rester immobile, avec Abdul dans les bras, afin de permettre aux photographes de prendre des clichés de nous. Je me souviens très bien de tout. Mes pieds nus étaient couverts de boue ; un chien jappait sauvagement à l'arrière-plan et, derrière moi, il y avait une corde à linge.

Le responsable a glissé quelques leones entre mes bras en disant qu'il ferait de nouveau appel à moi.

Des années allaient passer avant que je lise les articles écrits sur moi ce jour-là et ceux qui ont suivi. Chacun d'eux reviendrait hanter ma mémoire. Tous les journalistes affirmaient que les rebelles m'avaient violée et qu'Abdul avait été conçu pendant l'attaque de Manarma.

CHAPITRE 12

— Abdul est malade, Mariatu, m'a annoncé Marie. Très malade. Le docteur pense qu'il a besoin d'une transfusion sanguine, sinon il va mourir.

Abdul avait alors environ dix mois. Depuis quelques semaines, son ventre avait tellement gonflé qu'il avait presque l'air d'attendre un bébé. Au début, je pensais que mon lait le faisait grossir. Mais il en buvait vraiment beaucoup moins qu'avant. Et il pleurait de plus en plus.

Une infirmière du camp lui a injecté des vitamines. Nous allions la voir tous les jours, mais les piqûres n'étaient d'aucun secours. Il avait le ventre de plus en plus gros, le visage bouffi. Ses jambes avaient perdu leur graisse de bébé. Certaines parties de son corps étaient si grosses, et d'autres, si maigres qu'il paraissait difforme.

L'infirmière croyait qu'il souffrait de malnutrition. J'ai alors commencé à manger le plus possible en espérant que mon lait deviendrait plus nourrissant. Je consommais tellement de riz que j'avais l'impression que j'allais vomir. J'ai cessé d'aller mendier avec Adamsay et Mabinty afin de passer tout mon temps avec Abdul, au camp. Pour l'endormir, je le berçais dans mes bras. Je lui ai même chanté des chansons — à voix très basse, parce que je chantais très mal et que je ne voulais pas qu'on m'entende.

Mais cela n'a rien changé. Un jour, l'infirmière a dit qu'il fallait l'emmener à l'hôpital.

Abibatu, Marie et Fatmata m'ont accompagnée. Nous étions de nouveau à Connaught, mais dans une salle différente, pour les bébés.

« Si Abdul meurt, ce sera ma faute, ai-je pensé. Je ne l'ai pas assez aimé. »

Quand je cessais d'être en colère contre moi-même, j'essayais d'imaginer comment je pourrais trouver suffisamment d'argent pour la transfusion sanguine dont il avait besoin. « Je pourrais aller mendier, implorer tous ceux qui croiseront mon chemin, me suis-je dit. Je pourrais demander à mes cousins de faire comme moi. Nous pourrions voler l'argent du vendeur de tissus. »

Puis, une pensée rationnelle a surgi dans ma tête. J'irais voir le père Maurizio, le prêtre qui m'avait donné tous les vêtements d'Abdul.

Fatmata, Abibatu et Marie ont toutes trois approuvé mon plan. J'ai embrassé Abdul sur le front et je suis partie.

Courant de toutes mes forces, je suis sortie de l'hôpital, j'ai traversé les rues bondées et bordées d'échoppes, atteint le traversier et suis parvenue au complexe où habitait le père Maurizio.

— J'ai besoin de votre aide, ai-je bredouillé en le voyant.

Il m'a regardée avec des yeux ronds tandis que je lui expliquais la raison de ma venue.

— Bien, Mariatu. Je vais voir ce que je peux faire.

Le père Maurizio accueillait à sa mission des enfants qui avaient été séparés de leur famille. Il communiquait avec des gens fortunés en Italie ; ceux-ci lui envoyaient des vêtements et d'autres nécessités, et de l'argent pour divers programmes.

Il m'a offert une tasse d'eau, puis il a demandé à un de ses employés de me ramener à l'hôpital.

— C'est ma faute, lui ai-je avoué en pleurant au moment de m'en aller. Si je lui avais donné plus d'amour, il voudrait vivre. S'il meurt, c'est parce que mon manque d'amour l'aura tué.

Le père Maurizio s'est présenté à l'hôpital quelques heures plus tard. Un bienfaiteur italien lui avait envoyé de l'argent. Les médecins ont immédiatement procédé à la transfusion, mais l'état d'Abdul s'est encore détérioré. Il reposait, tout faible, dans mes bras, ses grands yeux bruns fixant le vide. Il ne pleurait même plus pour m'indiquer qu'il avait faim.

Trois jours plus tard, le corps si léger de mon enfant est devenu complètement immobile. Son souffle était de moins en moins profond. Il ne cessait de cligner des yeux, comme au ralenti. Je le serrais très fort dans mes bras.

— Le moment est venu, je pense, m'a dit Marie d'une voix douce en m'enlevant Abdul.

Elle m'a fait signe de sortir et de refermer la porte derrière moi.

J'ai marché dans le corridor en regardant droit devant moi, refusant de voir les autres bébés qui se trouvaient là. Chaque fois que je les regardais, je ne voyais rien d'autre que le visage de mon fils.

Plus tard ce jour-là, au camp, je suis allée directement à ma chambre. Je me suis allongée sur ma natte. Quand quelqu'un essayait de me parler, je grommelais :

— Laisse-moi tranquille.

Les premiers jours suivant le décès, je ne me suis levée que pour utiliser les toilettes. En revenant, je grignotais quelques cuillerées de riz, puis je retournais à ma chambre, à ma natte.

Ma famille a organisé une cérémonie funéraire pour Abdul à la mosquée du camp. L'imam a récité une prière et, l'un après l'autre, les membres de ma famille ont demandé des bénédictions. Je suis restée assise sans bouger, écoutant sans vraiment entendre. Quand nous devions réciter un passage du Coran, je le faisais à voix basse. « Allah, ai-je demandé dans ma tête, aidez-moi à devenir meilleure. »

Au cours des semaines qui ont suivi, j'ai dormi presque tout le temps. Abibatu, Fatmata et Marie ont très souvent essayé de me consoler.

Je repoussais les assiettes de riz et de légumes qu'elles m'apportaient. Marie me parlait de Magborou.

— Nous y retournerons un jour, disait-elle. Tu verras. Nous retrouverons très bientôt Magborou.

Souvent, Abibatu me réprimandait :

— Tu dois te reprendre en mains. Sinon, à quoi ça sert de vivre ? Ces rebelles auraient mieux fait de te tuer.

Fatmata, qui, avec son mari, ne passait désormais plus qu'une partie du temps au camp, avait une autre approche :

— Il ne faut pas perdre courage, Mariatu. Bien des choses favorables peuvent encore t'arriver.

— Comme quoi ? marmonnais-je.

L'avenir, me semblait-il, ne me réservait rien d'autre qu'une vie de mendicité, de dépendance. La meilleure chose que je pouvais faire pour ma famille était de m'en aller. Mais où ?

Des images d'Abdul hantaient mon sommeil. Dans mes rêves, je me parlais à moi-même : « Abdul était un être humain. Il comprenait que je ne l'aimais pas. Il savait que je ne voulais pas de lui. C'est pourquoi il a quitté ce monde. »

Je l'entendais pleurer et je me réveillais en sursaut. Je me sentais soulagée en comprenant que j'avais rêvé. Souvent, je le sentais couché sur ma poitrine ; je me réveillais pour le serrer dans mes bras, mais il n'était pas là.

Abibatu et Marie ont rassemblé tous les vêtements et les jouets d'Abdul, et elles les ont remis au père Maurizio. Bientôt, il ne m'est plus resté de lui que cette longue cicatrice sur mon ventre. En prenant conscience de cela, j'ai pleuré pendant presque une demi-journée. J'ai pleuré jusqu'à ce qu'il ne reste plus rien en moi, puis j'ai sombré dans un sommeil agité. Salieu est venu pour la deuxième fois. Il s'est assis à côté de moi, comme il l'avait fait dans le rêve que j'avais eu après avoir appris ma grossesse.

— *Es-tu fâché contre moi ? lui ai-je demandé.*

— *Non, bien sûr.*

— *Mais j'ai tué Abdul.*

— *Non, tu ne l'as pas tué. Tu étais trop jeune, Mariatu. J'ai agi de façon égoïste avec toi. Je regrette la souffrance que je t'ai causée. Abdul est avec moi.*

Abdul est soudain apparu ; il était assis sur les genoux de Salieu. Il arborait un tel sourire que je pouvais voir les deux dents sur sa gencive inférieure. Il ressemblait à l'enfant qu'il était avant sa maladie, avec ses membres dodus, son ventre normal, ses yeux ronds, son regard heureux.

— *À partir de maintenant, tout ira bien, m'a dit Salieu en se levant avec mon fils dans les bras. Ne te reproche plus la mort d'Abdul.*

Ç'a été la dernière fois que j'ai vu Salieu.

Les paroles de Salieu ne m'ont apporté aucun réconfort. Je le détestais pour ce qu'il m'avait fait, et Abdul me manquait. Pourtant, quand je me suis réveillée le lendemain matin, j'ai éprouvé une légèreté que je n'avais pas ressentie depuis longtemps. Je me suis levée tôt, je me suis lavé le visage, j'ai enfilé un t-shirt propre et enroulé une jupe autour de mes hanches, je me suis brossé les dents avec un bâton de souak et j'ai accompagné Adamsay jusqu'à la tour de l'horloge. Je ne lui ai pas dit grand-chose, même si elle essayait de me parler. Quand un homme d'affaires a laissé tomber quelques leones dans son sac, elle a aussitôt couru au marché pour m'acheter une mangue. Elle me l'a tendue, mais j'ai secoué la tête.

— Mange-la, a-t-elle insisté.

J'ai soupiré. J'avais l'impression de ne pas mériter tant de gentillesse.

Je me suis traînée dans les rues ; je portais mon sac de plastique noir très bas. Ce jour-là, je n'ai rien récolté. Le lendemain, j'ai tenu mon sac un peu plus haut. Et le surlendemain, j'ai recommencé à bavarder avec Adamsay.

— J'ai été acceptée dans un programme, m'a-t-elle confié alors que nous rentrions chez nous un après-midi. J'irai peut-être en Allemagne.

J'étais enthousiaste pour elle. Je me réjouissais de voir des enfants d'Aberdeen participer à des programmes établis par des groupes humanitaires étrangers. Le responsable du camp avait raison : en Occident, on commençait à s'intéresser à la Sierra Leone.

— Ce n'est pas un programme d'adoption, a poursuivi Adamsay avec un petit soupir. Je ne ferai qu'un court séjour en Allemagne pour fréquenter l'école.

— C'est où, l'Allemagne ?

— En Europe, a-t-elle répondu en faisant un geste vers le nord, comme si l'endroit appelé Allemagne se trouvait juste derrière les montagnes de Freetown. Il paraît que c'est vert.

— Oh ! ai-je dit en baissant les yeux.

Je venais de comprendre ce que ce départ allait signifier pour moi.

— Ne t'en fais pas, a dit Adamsay.

Elle s'est arrêtée et m'a prise dans ses bras. Elle allait s'éloigner quand j'ai resserré mon étreinte. Je l'ai tenue longtemps contre moi, mon visage enfoui contre son épaule douce et charnue. Elle sentait l'herbe, et cela m'a rappelé Magborou. Je voulais tant retourner là-bas, retrouver l'époque où Adamsay, Mariatu et moi jouions avec des échasses et faisions des pâtés de boue que nous essayions de faire manger à Marie !

Le samedi suivant, une fille qui vivait au camp est venue me voir. Nous avions le même âge et, comme moi, elle s'appelait Mariatu et avait perdu ses mains. Les rebelles l'avaient agressée quand ils avaient envahi Freetown.

Nous n'allions pas mendier la fin de semaine, parce que personne ne travaillait. Les gens qui affluaient dans les rues bondées de Freetown étaient pour la plupart de pauvres villageois qui fuyaient la guerre. Ils nous demandaient à *nous* de l'argent. Il ne servait donc à rien d'aller à la ville. Nous passions ces jours-là au camp, à laver nos quelques vêtements, à moudre du manioc et à écouter les autres nous donner des nouvelles de la guerre.

Je connaissais très bien cette Mariatu, parce qu'elle venait souvent mendier avec Adamsay et moi. Elle s'est assise à côté de moi pendant que je finissais de déjeuner.

— Victor pense que cela te remonterait le moral de faire partie de notre troupe de théâtre, m'a-t-elle annoncé.

Elle avait déjà essayé de me convaincre de me joindre à la troupe avant mon accouchement. Elle m'avait même emmenée à une des répétitions quand j'étais enceinte d'à peu près huit mois.

La troupe comptait environ vingt-cinq membres, tous des amputés de guerre. Ils se réunissaient les samedis et les dimanches au centre du camp. Certains avaient perdu un pied, d'autres n'avaient plus de mains. La plupart étaient de mon âge, mais il y avait aussi des adultes. La première fois que je les avais vus répéter, ils jouaient une pièce sur la guerre. Mariatu interprétait son propre rôle, celui d'une fillette d'un petit village au nord-ouest de la Sierra Leone venue à Freetown avec sa mère dans l'espoir d'échapper aux rebelles. Deux garçons incarnaient les enfants soldats qui l'avaient mutilée. Je ne connaissais que trop leurs répliques.

— Va voir le président, disait un garçon.

— Demande-lui de nouvelles mains, disait l'autre.

Après la répétition, Mariatu m'avait présentée à Victor, le responsable de la troupe. Victor connaissait parfaitement les expériences subies par plusieurs d'entre nous. Si les rebelles ne lui avaient pas fait de mal, il avait quand même perdu beaucoup d'amis et de membres de sa famille au cours de l'attaque qui avait détruit son village.

Le scénario me rappelait trop de mauvais souvenirs. J'avais donc, très poliment, expliqué à Mariatu et à Victor que je ne pouvais me joindre à la troupe.

— Je devrai m'occuper de mon bébé, avais-je dit. Mais merci de me l'avoir proposé. Une autre fois, peut-être.

Cette autre fois était venue, et Mariatu n'entendait pas accepter de refus.

— Ça te fera du bien de penser à autre chose qu'à Abdul, a-t-elle insisté.

— Mais je ne suis pas une bonne actrice.

— Alors, tu chanteras !

— Je chante mal, ai-je répondu en secouant la tête.

— Tu peux danser, ça, je le sais. Montre-moi une fille de la Sierra Leone qui ne sait pas danser !

Rien à répondre à ça. Dans tous les villages du pays, les filles apprennent à danser dès qu'elles savent marcher. Nous dansions presque tous les soirs autour du feu. Vêtues de jupes d'herbes et ornées de perles africaines, mes amies et moi dansions à tour de rôle par groupe de deux ou de trois pendant que les garçons jouaient du tam-tam et que les autres villageois chantaient et battaient des mains.

— Bon, ai-je dit à Mariatu. Aujourd'hui, j'irai vous regarder. De toute façon, je n'ai rien d'autre à faire. Mais pas question de participer !

J'ai fini de manger et de me laver, puis Mariatu et moi nous sommes faufilées entre les tentes. Quand nous sommes parvenues au centre du camp, la troupe de théâtre allait commencer à jouer un sketch sur le sida.

J'avais entendu parler du virus qui tuait les gens en Sierra Leone mais, comme aucun membre de ma famille ne l'avait attrapé, nous n'en avions jamais vraiment discuté. Avant de regarder le sketch cet après-midi-là, je n'avais aucune idée de la façon dont on contractait le sida. L'intrigue tournait autour d'une cérémonie funéraire en l'honneur d'une femme morte de cette maladie. Pendant que les personnes en deuil restaient immobiles, deux autres membres de la troupe, un homme et une femme, expliquaient que le virus se transmettait au cours de relations sexuelles. Quand ils ont eu fini de parler, la pièce a repris.

Mariatu incarnait la fille de la morte. Elle jouait bien. Ses larmes semblaient réelles.

— Elle était bonne et elle aimait sa famille, a gémi son personnage.

À la fin de la cérémonie funéraire, toute la troupe est venue chanter une chanson sur le VIH/sida.

Le sida tue toute l'Afrique. Comment l'arrêter ? Nous sommes les seuls à pouvoir l'arrêter !

Sois fidèle à ta femme, à ton mari, à ton conjoint.

Après la représentation, Mariatu et Victor sont venus vers moi. Victor souriait. Il m'a gentiment pincé l'épaule.

— Te voilà enfin.

— Je voulais seulement regarder.

— Nous serions vraiment heureux si tu te joignais à la troupe.

Victor était un grand et bel homme au visage ovale et aux cheveux très courts. Quand il souriait, les commissures de ses yeux tombaient légèrement, lui donnant un air candide. Même si je ne l'avais rencontré qu'une ou deux fois, il m'avait tout de suite plu.

— J'ai vécu récemment des moments difficiles, ai-je avoué. Je ne sais pas si je suis prête à jouer, à chanter et à danser.

— Je suis au courant de la mort de ton bébé, m'a-t-il répondu avec bonté. Je souhaitais depuis longtemps t'avoir dans la troupe, mais j'ai compris que c'était trop tôt. C'est très dur d'avoir un enfant à douze ans.

Je voulais dire à Victor que j'avais tué Abdul, que j'étais méchante et qu'il ne devait pas me parler.

— Oui, c'était très dur, ai-je plutôt répondu. Sa mort m'a fait vraiment mal.

— Pourquoi ne pas te joindre à la troupe et exprimer ta douleur par le théâtre ?

Il a fait un geste circulaire englobant les comédiens assis par terre, qui se parlaient à voix basse.

— Nous sommes tous de bonnes personnes, a-t-il ajouté.

— J'essaierai, ai-je alors dit sans vraiment savoir pourquoi. J'essaierai.

Victor a créé un rôle pour moi dans la pièce sur le sida. J'incarnais une villageoise en deuil de la femme qui venait de mourir. Je n'avais rien d'autre à faire que pleurer. C'était un petit rôle, mais il me plaisait. Nous avons relu la pièce quelques fois, puis Victor s'est déclaré satisfait.

J'ai remercié Mariatu, fait au revoir de la main à Victor et suis retournée à ma tente. Je ne me sentais pas heureuse, mais j'étais peut-être un peu moins accablée. Victor avait raison : faire semblant de pleurer sur scène soulageait quelque peu ma souffrance.

Le dimanche suivant, j'ai rejoint la troupe sans préciser à ma famille où j'allais. J'ai simplement dit que je reviendrais un peu plus tard.

— Ne vous en faites pas pour moi, ai-je crié.

Je suis retournée la fin de semaine suivante. Après avoir répété la pièce quelques fois, nous avons dansé et chanté. Quelques garçons avaient apporté des tambours. Même sans mains, ils parvenaient à en jouer comme s'il ne leur était rien arrivé. J'ai bientôt commencé à me balancer au rythme des tam-tam et à chanter avec les autres des chansons populaires en themné.

Lorsque nous avons eu fini, c'était l'heure du souper. Victor a marché avec moi dans le camp. En chemin, nous sommes passés devant sa tente. Sa femme avait préparé un plat de riz et de légumes, et il m'a invitée à manger avec eux.

— J'ai été violée, ai-je chuchoté au milieu du repas.

— Je sais.

— Devrais-je passer le test du sida ?

— Oui, Mariatu, m'a-t-il répondu. Oui.

Je tremblais quand l'infirmière du camp m'a piquée avec une aiguille et qu'elle a ensuite rempli une petite fiole avec mon sang. Comme il semblait que tout ce qui m'arrivait de bien était aussitôt suivi de quelque chose de mal, je craignais que ce test soit positif. J'étais poursuivie par une malédiction, et une partie de moi sentait que je l'avais mérité : j'avais tué Abdul par mon manque d'amour.

Je me suis mise à penser à une femme du camp qui, m'avait dit Victor, souffrait du sida. Son corps autrefois robuste avait diminué de moitié. Elle avait les yeux enfoncés, le visage et les bras couverts de plaies. Au début, elle se promenait dans le camp appuyée sur un bâton. Désormais, elle passait presque tout son temps à geindre, allongée sur une natte à l'extérieur de sa tente, avec une mince couverture sur elle. Je la voyais quand j'allais rejoindre la troupe.

J'ai fermé les yeux et prié comme je l'avais fait le soir de l'attaque des rebelles : « Allah, je sais que j'ai été une mauvaise mère ; je sais que je ne méritais pas mon adorable petit Abdul et que c'est pour ça que vous me l'avez enlevé. Mais je vous en prie, faites que je n'aie pas attrapé le virus. Je vous en prie ! Je ne veux pas mourir lentement comme cette femme. Si vous m'avez gardée en vie après Manarma, c'est sûrement pour une raison. À partir de maintenant et pour le reste de ma vie, je vous promets d'essayer de penser de façon positive et d'être une bonne personne si vous m'épargnez. »

Pendant les quelques semaines qui ont suivi, j'étais sur des charbons ardents en attendant les résultats du test. Je m'efforçais d'être bonne, comme je l'avais promis. Chaque fois qu'Adamsay, Fatmata, Abibatu ou

Marie me parlait, j'écoutais avec attention. J'aidais les femmes à préparer les repas, j'allais chercher le riz au marché, je remuais les feuilles de manioc. J'ai moulu du riz et du manioc même si mes bras ne cessaient de glisser quand je faisais monter et descendre le bâton dans le mortier. Aux repas, je laissais Adamsay ou un de mes cousins s'asseoir sur ma pierre et je m'installais à terre, les jambes croisées. Nous avions toujours mangé ensemble dans le même grand plat, mais j'attendais maintenant qu'Adamsay et les autres aient fini avant de me servir. J'utilisais une cuiller métallique fixée à mes bras avec du velcro.

— Qu'est-ce qui t'arrive ? m'a demandé Mohamed un soir.

— D'habitude, tu es la première à te jeter sur la nourriture, a renchéri Ibrahim avec son petit sourire narquois.

— Ah ! Mariatu, a repris Mohamed, tu veux sûrement quelque chose de nous. Rencontrer Sorie, peut-être.

Sorie était arrivé au camp quelques mois plus tôt, et mes cousins s'étaient vite liés d'amitié avec lui. Il était mince et vigoureux, avec un grand sourire comme celui de Mohamed.

— Non, ai-je répondu calmement. Je ne veux plus jamais sortir avec un garçon. J'en ai assez d'eux. Mais vous vous êtes tous montrés si gentils avec moi quand Abdul était là que je veux maintenant vous aider de mon mieux.

Ibrahim et Mohamed se sont levés, ont lavé leurs moignons avec l'eau d'un pichet de plastique, puis se sont précipités sur moi et m'ont jetée sur le sol. Mohamed m'a ébouriffé les cheveux pendant qu'Ibrahim me chatouillait le torse.

« J'aime tellement ces garçons ! » ai-je pensé quand ils m'ont remise en position assise. Je les ai regardés courir ensemble le long d'une allée de tentes bleu ciel en se donnant, pour plaisanter, des coups sur la poitrine et les épaules. Ils allaient jouer au soccer avec d'autres garçons dans un bâtiment vide à proximité du camp.

Quand j'ai cessé de les voir, je me suis allongée sur le dos et j'ai levé les yeux vers les gros nuages floconneux. « Je veux une mort rapide, ai-je pensé. Pas une mort lente et douloureuse. Salieu, si tu m'écoutes et veilles sur moi comme tu l'as promis, je veux que tu saches que je prévois vivre longtemps. Je veux une longue vie, une vie très bonne, à aider les autres. »

Lorsque je suis retournée voir l'infirmière, j'ai dû faire la queue dehors. Après environ deux heures d'attente, je suis enfin entrée dans l'édifice et je me suis assise sur la table d'examen. L'infirmière s'est approchée de moi en lisant un document sur son écritoire à pince.

— Mariatu, m'a-t-elle dit en souriant. Ton test est négatif. Tu n'as pas le sida.

« Ma chance est peut-être en train de revenir », ai-je pensé en retournant à ma tente.

À partir de ce jour, j'ai rejoint la troupe de théâtre tous les samedis et les dimanches. En plus de la pièce sur le sida, nous répétions un nouveau sketch sur le pardon et la réconciliation. Nous reproduisions une scène de guerre dans laquelle certains incarnaient les victimes, tandis que les autres tenaient le rôle d'enfants soldats. Comme dans la pièce que j'avais vue quand Mariatu m'avait présenté la troupe, les jeunes rebelles faisaient semblant de trancher les mains de leurs victimes, puis de brûler leur village. Mais la dernière partie était différente.

Dans une scène, un homme jouait le rôle du commando en chef des rebelles et invectivait les jeunes qui l'entouraient.

— Vous devez être des guerriers ! Vous devez tuer ! vociférait-il. Prenez ça et vous deviendrez des hommes forts, ajoutait-il en leur distribuant des drogues.

Un des garçons refusait, et le commando le battait.

Dans l'avant-dernière scène, les jeunes rebelles se serraient les uns contre les autres en pleurant. Ils avouaient leurs crimes et souhaitaient retourner à leur village et à leur ancienne vie — comme la plupart d'entre nous, à Aberdeen, le souhaitions.

Dans la scène finale, les enfants soldats et les victimes marchaient bras dessus, bras dessous, et chantaient un hymne à la paix.

Pendant que, assise par terre, je les regardais, j'ai soudain pris conscience du fait que les jeunes rebelles qui m'avaient mutilée devaient avoir une famille quelque part. J'ai repensé à celui qui voulait que j'aille avec eux dans la brousse. M'aurait-il demandé de tuer?

Mariatu a interrompu mes pensées. Passant son bras sous le mien, elle m'a tirée pour que je me relève puis, en chantant, elle m'a entraînée sur la scène.

— À présent, on danse.

Les garçons se sont mis à jouer du tambour, comme ceux de Magborou le faisaient. Deux filles à la fois s'avançaient pour danser ensemble. Les autres chantaient et se balançaient au rythme des tam-tam.

Quand ç'a été mon tour d'être au centre, j'ai fermé les yeux. Mes genoux ont fléchi. Mon torse s'est incliné vers le sol, s'est relevé, s'est penché d'un côté puis de l'autre... J'ai répété les mouvements, m'immergeant dans la musique. Pour la première fois depuis longtemps, je me suis vraiment sentie en vie.

Un dimanche, au moment où nous terminions la répétition, Victor nous a fait signe de nous taire.

— J'ai quelque chose à vous dire.

Il s'est arrêté, nous tenant en haleine.

— Allons, Victor, vide ton sac, a imploré Mariatu.

— Nous allons jouer en public, nous a-t-il annoncé, les yeux brillants.

— Oh, c'est tout ! a dit Mariatu en levant les yeux au ciel. Qui visite le camp, cette fois ?

Chaque fois que les représentants d'organismes d'aide ou un politicien venait, la troupe de théâtre se produisait, tout comme on m'avait demandé de le faire devant les médias lorsque Abdul était vivant. Quand j'avais raconté mon histoire, les journalistes s'étaient empressés de noter mes réponses dans des calepins. La troupe racontait également des histoires, par des sketches, des danses et des chants.

— Non, a répondu Victor en faisant un clin d'œil à Mariatu. On nous invite à nous produire au stade Brookfields dans quelques semaines. Nous jouerons devant un public nombreux, y compris devant quelques ministres.

J'ai senti ma poitrine se contracter. Brookfields était le lieu de rassemblement le plus important de Freetown.

— Je ne peux pas jouer devant d'autres personnes, ai-je déclaré.

— Oui, tu peux. Vous le pouvez tous, et vous le ferez. Vous serez tellement bons que la guerre prendra fin et que la paix reviendra en Sierra Leone !

— N'aie pas trop d'espoir, a gémi Mariatu.

Je me suis lamentée, moi aussi, mais pour une raison différente. J'essayais de trouver la meilleure excuse possible pour éviter de participer. Mais il y avait autre chose en moi qui voulait s'exprimer, et j'ai décidé de prendre part au spectacle. Nous visions un but important : contribuer à informer le monde des problèmes de notre pays.

CHAPITRE 13

— Mariatu ! Mariatu ! a crié Mohamed.

Je revenais de la tour de l'horloge. J'étais sale et épuisée après avoir mendié toute la journée. Je ne désirais rien d'autre qu'un peu de riz en sauce avec des légumes si Abibatu et Marie en avaient préparé. Puis, ma natte. À présent, je me couchais tôt presque tous les soirs en vue du spectacle que nous allions présenter au stade de soccer. La peur du ridicule me tenaillait encore, mais Mariatu était tellement excitée que je ne voulais pas me montrer rabat-joie. Survoltée, elle se mettait parfois à bondir et à pousser de petits cris. Son enthousiasme était contagieux, et nous sautions l'une en face de l'autre, de plus en plus vite. Notre hystérie se changeait en jeu : laquelle de nous deux sauterait le plus haut ?

— Il y a une femme distinguée qui veut te voir, m'a annoncé Mohamed en courant vers moi.

Il était moins potelé depuis que nous avions emménagé au camp et il devenait un beau jeune homme au sourire irrésistible.

— Dépêche-toi, a-t-il continué en sautant à cloche-pied. Elle est à notre tente. Je pense que c'est ton tour maintenant.

Adamsay allait partir pour l'Allemagne dans moins d'un mois. Environ six jeunes du camp avaient déménagé aux États-Unis, et plusieurs autres, inscrits sur une liste, attendaient qu'on leur assigne une destination. Mais, jusque-là, personne ne m'avait témoigné aucun intérêt.

— Tu es tellement farceur, Mohamed ! ai-je dit pendant que nous nous faufilions entre les éventaires du marché en sautant par-dessus des bacs de lessive en plastique, des caisses, des chiens et des chats. Ne me donne pas de faux espoirs.

— Je ne mens pas, Mariatu. C'est une vraie femme. Elle est là, au camp, elle parle avec Abibatu et Marie, et elle veut te voir.

Mon cœur a fait un bond dans ma poitrine. Et si Mohamed disait vrai ? Si je pouvais quitter ce lieu si triste ? Si je pouvais enfin cesser de me sentir nulle, parce que je devais demander la charité aux citoyens plus riches de Sierra Leone ? Je voyais encore Abdul en rêve, la nuit. Au camp, quand je passais devant d'autres bébés accrochés au dos de leur mère, je détournais le regard et j'accélérais le pas. Déménager dans un pays étranger me guérirait peut-être de la culpabilité qui continuait de m'affliger.

Mohamed et moi avons pris tous les raccourcis que nous connaissions, traversé des ruelles et contourné d'autres tentes. Quelqu'un nous a crié :

— Pourquoi vous hâter comme ça ? Ce n'est pas comme si vous alliez quelque part.

« Oui, je vais quelque part, avais-je envie de rétorquer. Aux États-Unis ! »

À notre tente, Marie allumait le feu. Une femme vêtue d'une jupe droite brune et d'un chemisier blanc se tenait à côté. Elle était de la même taille que Marie, mais plus corpulente, et elle avait les cheveux courts et bouclés.

— Bonjour, a-t-elle dit quand je me suis arrêtée devant elle. Je m'appelle Comfort. Es-tu Mariatu ?

— Oui, ai-je répondu, essoufflée.

— Eh bien ! si tu es Mariatu Kamara, j'ai un message pour toi.

— Qu'est-ce que c'est ?

— Viens à mon bureau demain matin, je te donnerai ton message et nous pourrons discuter.

Après m'avoir indiqué comment m'y rendre, elle est partie.

J'ai envisagé les possibilités. Irais-je vraiment dans ce pays appelé États-Unis, le meilleur endroit où vivre, selon certains ?

J'aurais pu dormir plus longtemps le lendemain matin, mais je me suis levée en même temps qu'Adamsay. Après le départ de mes cousins, j'ai mis mon plus beau vêtement, un boubou africain de couleur rouge. J'ai lavé mon unique paire de chaussures, des tongs orange, et je suis partie.

Le bureau de Comfort n'était pas loin du camp. C'était la première fois que j'entrais dans ce genre d'immeuble. Jamais je n'avais franchi les grilles de ces endroits à l'air si officiel quand, avec Adamsay, je demandais l'aumône aux gens qui en sortaient pour aller chez eux. Habituellement, l'un des gardiens de sécurité nous ordonnait de déguerpir.

En me dirigeant vers la porte d'entrée ce matin-là, je m'attendais presque à être chassée par le gardien. Il m'a, au contraire, ouvert la porte en souriant.

J'ai trouvé l'escalier au bout du couloir, là où Comfort m'avait dit qu'il serait, et j'ai compté les quatre volées de marches jusqu'à son étage. Elle m'attendait.

— Très ponctuelle ! a-t-elle dit d'un air approbateur.

Ce jour-là, elle portait un boubou africain bleu orné de grosses perles brunes.

— Vous êtes très belle, l'ai-je complimentée.

— Merci. J'aime porter des vêtements africains autant que des vêtements occidentaux.

Son bureau était une grande pièce remplie d'étagères. Des affiches de fleurs, des certificats et des diplômes encadrés étaient accrochés aux murs. En me voyant les regarder, Comfort m'a expliqué qu'elle était travailleuse sociale. Elle aidait les amputés du camp à régler des problèmes non médicaux, à retrouver leur famille, par exemple.

— Certains ont très honte de leurs proches qui ont été mutilés à la guerre, m'a-t-elle dit. Au départ, ils ne veulent rien savoir de ces handicapés. Je les aide à les accepter.

Ses propos m'ont étonnée. Jusqu'à la veille, je n'avais jamais vu Comfort au camp, et ma famille s'entendait très bien. Pour elle, j'étais toujours la même. Les mêmes ordres continuaient de pleuvoir sur moi : « Mariatu, va chercher de l'eau ! Va acheter des piments ! Brosse-toi les dents ! » Je ne savais pas trop qui étaient les gens que Comfort aidait. Mais je ne le lui ai pas demandé.

Elle m'a fait signe de m'asseoir sur une chaise à côté de son bureau.

— Un homme a téléphoné du Canada, a-t-elle annoncé en prenant place en face de moi. Il s'appelle Bill et il cherche la fille dont il a lu l'histoire dans un article.

Elle m'a tendu une coupure de journal. À ma grande surprise, j'ai reconnu Abdul et moi, sur la photo.

— Est-ce toi ?

— Oui, ai-je répondu calmement en regardant le visage de mon bébé. C'est moi.

J'ai dû refouler mes larmes.

Comfort n'a pas paru remarquer ma détresse.

— Si tu es la personne représentée sur la photo, cet homme, Bill, veut t'aider. Sa famille a lu ton histoire et aimerait te donner de l'argent pour acheter de la nourriture et des vêtements.

— Qu'est-ce que c'est, le Canada ?

Elle a pris un grand livre — qu'elle a appelé atlas — derrière son bureau.

— Voici l'Amérique du Nord, m'a-t-elle expliqué en passant sa main sur une des pages. Le Canada est le pays situé juste au-dessus des États-Unis.

— Oh! Est-ce un endroit sûr?

— Oui, très sûr. Et c'est un pays riche. Il y fait très froid. Il neige pendant la moitié de l'année.

Je n'avais jamais entendu le mot « neige ». Comfort m'a expliqué que cela ressemblait à du sel blanc qui tombait du ciel quand il faisait très froid. J'ai imaginé une nuit fraîche de printemps en Sierra Leone, avec du sel blanc tombant autour de moi.

— C'est plus froid que nos nuits les plus froides! a repris Comfort comme si elle pouvait lire dans mes pensées. Ce n'est pas comparable aux jours et aux nuits que tu as connus en Sierra Leone.

— Alors, cet homme, Bill, va-t-il me faire venir au Canada?

— Non. Mais si tu pries fort, il le fera peut-être.

De retour au camp, j'ai parlé de Bill à Marie et à Alie. Ils étaient ravis pour moi et aussi pour eux. Grâce à l'argent de cet homme, ils pourraient acheter de la nourriture.

— Mais je veux aller au Canada, ai-je insisté. Je veux qu'il me fasse venir dans son pays.

— Nous achèterons des fruits, des ananas et des noix de coco, a chantonné Alie en m'ignorant. Il y a si longtemps que nous n'avons pas mangé de choses aussi délicieuses!

Ils ont aussi mentionné les nouvelles maisons qu'un groupe norvégien construisait pour les amputés. Nous étions qualifiés pour ce programme, a dit Alie, parce que quatre membres de notre famille étaient mutilés et que nous n'avions plus de toit. Les rebelles avaient détruit presque tout Magborou, notamment la hutte de Marie et d'Alie.

— L'argent de Bill nous aidera à nous installer dans la nouvelle maison, a ajouté Alie.

— Je te félicite, Mariatu ! s'est exclamée Marie en me donnant de petites tapes dans le dos.

J'ai laissé Marie et Alie continuer à parler de Bill, et je suis partie vers la mosquée du camp. Quelques hommes priaient dans la section qui leur était réservée à l'avant de la grande tente bleue. J'étais la seule fille dans la section des femmes, à l'arrière. Je me suis agenouillée, j'ai posé ma tête sur le sol et j'ai répété à voix basse : « Merci, Allah. »

Je suis retournée au bureau de Comfort une semaine plus tard. Nerveuse, je me suis assise devant elle, attendant le coup de téléphone de Bill. J'avais peur de ne pas lui plaire. Je ne parlais pas anglais et je craignais qu'il choisisse une autre fille capable de mieux communiquer avec lui. Au camp, quelques filles avaient fréquenté l'école et se débrouillaient dans cette langue.

Je savais déjà à quoi servait un téléphone. À la clinique médicale de Port Loko, il n'y avait qu'un médecin, qui soignait plus de cent patients par jour, et les infirmières devaient souvent téléphoner à Freetown pour demander des conseils aux médecins qui s'y trouvaient. Mais je n'avais jamais vu de mes yeux un téléphone. Nous n'en avions pas dans notre village. Nous n'avions pas l'électricité non plus, pas même une génératrice. À Freetown, plusieurs avaient recours à des génératrices quand il y avait des pannes de courant, ce qui arrivait fréquemment à cause de la guerre.

Après quelques minutes, nous avons entendu une sonnerie.

— C'est lui, a dit Comfort en décrochant le récepteur.

Elle lui a parlé quelques instants. Puis, elle a couvert le récepteur avec sa main.

— Comme Bill ne parle ni themné ni krio, vous ne pourrez pas vous comprendre. Mais au moins tu entendras sa voix, a-t-elle ajouté en plaçant le combiné près de mon oreille.

— Bonjour, ai-je dit en krio.

— CHA CHA... CHOU CHOU CHOU, a répondu Bill — c'est du moins ce que j'ai cru comprendre.

— Je m'appelle Mariatu. Merci de m'aider. Je vous suis très reconnaissante.

Comfort a repris l'appareil et a poursuivi sa conversation en anglais avec Bill. Pendant qu'elle parlait, j'ai regardé les diplômes et les certificats accrochés aux murs. J'avais déjà vu des documents encadrés semblables à l'hôpital de Freetown. Ils indiquaient que telle ou telle personne avait terminé sa formation, m'avaient expliqué les infirmières. J'avais demandé à l'une d'elles de me parler de l'école.

— C'est parfois très difficile, m'avait-elle répondu. Mais les études ouvrent de nouveaux horizons aux filles. Quand on va à l'école, on peut faire des choses importantes et aider d'autres personnes. On n'est plus obligée de rester dans son village et de mettre au monde un bébé après l'autre.

J'avais alors pensé que j'aimerais bien aller à l'école un jour.

Comfort a raccroché et m'a regardée attentivement.

— Bill dit qu'il va t'envoyer une boîte de vêtements et un peu d'argent. Le colis devrait arriver dans un mois. J'irai te chercher quand je l'aurai reçu.

Les semaines qui ont suivi ont été comme un tourbillon. J'attendais impatiemment mon colis.

Entre-temps, nous répétions le spectacle que nous allions présenter au stade de soccer. Nous nous réunissions à présent quelques soirs par semaine, en plus des samedis et des dimanches. Souvent, nous terminions de bonne heure, et ceux qui savaient écrire et dessiner faisaient des affiches annonçant l'événement. Les autres les distribuaient dans la ville.

Victor m'avait confié une réplique dans le sketch sur le sida. « Oui, c'était une femme très bonne », devais-je dire à propos de la femme qui avait succombé au virus. Je devais, également, monter sur scène plusieurs fois pour chanter et danser.

Le matin du spectacle, Victor nous a remis les costumes cousus par son épouse et par d'autres femmes du camp. Pour la scène sur le sida, je porterais un boubou africain orangé et, pour les numéros de chant et de danse, une jupe fabriquée avec des sacs de riz découpés en lanières.

Je me sentais plus nerveuse que jamais, ce jour-là. Victor avait réservé quelques minibus pour nous conduire au stade, et nous nous sommes rassemblés dans la partie principale du camp environ une heure à l'avance. Mariatu et moi avions plié nos costumes et nous les avions mis dans les sacs de plastique noir dont nous nous servions pour mendier.

— As-tu peur ? m'a-t-elle demandé.

— Oui. S'il fallait que je trébuche et que je tombe sur la scène !

— Si tu ne tombes pas toute seule, je te pousserai, a-t-elle répondu pour me taquiner.

— Fais attention, parce que j'ai l'intention de te pousser la première, ai-je plaisanté à mon tour.

Nous avons pouffé de rire en nous imaginant en train de nous bagarrer sur la scène.

— C'est exactement ce que le gouvernement veut montrer aux organisations caritatives étrangères, a continué Mariatu en s'esclaffant. Deux filles qui se battent !

Victor a interrompu nos rires. Des affiches avaient été posées dans toute la ville, sur des tableaux d'affichage, des clôtures et les façades de certains immeubles, et il avait entendu dire qu'environ mille personnes assisteraient au spectacle, dont les dirigeants des groupes d'aide humanitaire qui œuvraient au camp.

J'ai recommencé à avoir peur de me ridiculiser et j'ai attiré Victor à l'écart.

— Vous feriez mieux de vous passer de moi. Je ne suis pas du même calibre que les autres, qui savent jouer, chanter et danser.

J'entendais approcher les minibus et j'espérais qu'il me dirait qu'en fin de compte il n'y avait pas de place pour moi. Au lieu de cela, il m'a rassurée :

— Je suis très fier de toi, Mariatu. Tu as accompli beaucoup de chemin vers la guérison. Tu as tellement souffert ! Et pourtant, regarde-toi maintenant : tu es sur le point de monter sur scène et de jouer !

— Tu ne crains pas que la troupe ait l'air idiote à cause de moi ?

— Non. Au contraire. Grâce au théâtre, tu fais du très bon travail pour aider les amputés. Quand ils te verront sur scène, les gens des organisations caritatives comprendront l'importance du théâtre et appuieront des programmes semblables dans d'autres régions du pays. D'ailleurs, on ne peut rien faire sans toi, a-t-il ajouté en me caressant affectueusement l'épaule. Nous formons un groupe, une famille, et il n'est pas question de nous séparer à cause de ta nervosité. C'est normal d'être nerveux. Si tu ne l'étais pas, je penserais que quelque chose cloche chez toi.

Une fois sur place, je me suis postée derrière le rideau et j'ai jeté un coup d'œil sur les spectateurs. Presque toutes les chaises entourant la scène qu'on avait montée au stade étaient occupées. J'ai scruté les visages, mais je n'ai reconnu personne, bien que Sulaiman et sa femme, Mariatu, aient promis de venir. De nombreux hommes étaient en costume et quelques-uns avaient la peau blanche, comme les journalistes. Il faisait très chaud, ce jour-là. Vêtues de boubous en tissu léger, les femmes s'éventaient avec nos affiches.

Le rideau était toujours baissé, mais quelques garçons de notre groupe s'étaient rassemblés sur scène et jouaient du tam-tam. C'était le signe que nous étions sur le point de commencer. Dans la première partie du spectacle, nous serions tous sur scène et chanterions une chanson sur la guerre composée par Victor et les membres de la troupe. Comme j'étais de petite taille, je serais dans la première rangée.

Victor a levé le rideau. Quand mon tour est venu, j'ai hésité. Mais Mariatu, qui me suivait, m'a donné une poussée. L'espace d'un instant, j'ai été éblouie par la lumière des projecteurs. Je devais ressembler à une biche affolée. J'ai, malgré tout, réussi à trouver ma place et j'ai joint ma voix à celle du groupe. Bientôt, j'ai oublié que j'étais devant tous ces étrangers. Nous avons chanté et dansé comme nous le faisions au camp pendant les répétitions.

J'ai lancé ma réplique et pleuré pendant la pièce sur le sida. Après le sketch sur le pardon et la réconciliation, les spectateurs se sont levés pour nous ovationner. À la fin du spectacle, nous sommes tous remontés sur scène en nous tenant par le bras.

Sulaiman et Mariatu sont ensuite venus me voir. Je riais avec Mariatu et une autre fille nommée Memunatu, qui avait perdu une main au cours de l'invasion de Freetown.

Sulaiman m'a serrée dans ses bras.

— Je suis si fier de toi ! m'a-t-il dit en essuyant une larme. Tu vas me manquer quand tu partiras pour ce pays appelé Canada.

— Ne t'en fais pas, Sulaiman, ai-je répondu. Je ne vais nulle part.

Comme je me trompais !

CHAPITRE 14

— Alors, comment te sens-tu à l'idée d'aller en Angleterre ? m'a demandé la jeune femme en face de moi.

Elle nous avait dit qu'elle s'appelait Yabom.

— Je ne sais pas, ai-je marmonné. Dois-je vous donner ma réponse tout de suite ?

Marie m'a lancé un regard furieux. *Mauvaise réponse.* Le soir, après avoir beaucoup parlé de la possibilité que j'aille au Canada, nous avions conclu que mon installation dans un pays étranger serait financièrement idéale pour ma famille et moi. Les jeunes partis dans d'autres pays envoyaient à leurs proches jusqu'à trois cent mille leones, ou cent dollars, par mois, en plus de choses dont nous n'avions jamais entendu parler, comme du chocolat. Et voilà qu'une autre femme surgissait au camp pour me proposer d'aller en Angleterre ! J'ai montré tout l'enthousiasme dont j'étais capable :

— Très bien. L'Angleterre, ça semble merveilleux.

Je voulais désespérément quitter le camp, mais le programme d'Adamsay en Allemagne avait échoué, et je voulais qu'elle parte la première. Elle se montrait toujours gentille avec moi. Elle me prenait dans ses bras quand je faisais un cauchemar, par exemple. Elle méritait de partir.

— Nous commencerons à remplir les formulaires demain, a annoncé Yabom. Tu as besoin d'un acte de naissance et d'un passeport.

— Mais elle n'a rien de ça ! a interrompu Marie.

— Je sais. J'aiderai Mariatu à demander ces documents.

— Bien, ai-je conclu en m'efforçant de sourire. Je ferai tout ce que vous voudrez.

Nous vivions au camp depuis presque deux ans. Marie, Abibatu et Fatmata passaient des journées pour ainsi dire toujours pareilles. Elles restaient assises à bavarder en attendant que mes cousins et moi revenions avec l'argent que nous avions reçu en mendiant et avec la nourriture que nous avions achetée au marché. Les femmes, dont Fatmata, qui habitait maintenant au camp avec Abdul, cuisinaient. Plus que tous les autres, Marie voulait retourner vivre dans un village, n'importe lequel. Comme Mabinty, elle avait besoin d'être active. Alie et elle espéraient vraiment obtenir une des maisons qu'on construisait pour les amputés, et ils savaient qu'ils auraient besoin d'argent pour y emménager.

Environ quatre mois s'étaient écoulés depuis le coup de téléphone de Bill. Il avait envoyé un colis de vêtements de style occidental, notamment des t-shirts et des pantalons trop grands pour moi, et à peu près cent cinquante mille leones, ou cinquante dollars. Selon Comfort, il avait affirmé qu'un autre colis était en route. Mais il n'avait jamais mentionné son intention de m'inviter au Canada, ce qui troublait Marie et Alie.

— C'est vraiment dommage, ce qui t'arrive, avait dit Marie. Mais nous devons regarder le côté favorable des choses. Ce qui serait bon pour toi actuellement, ce serait de trouver quelqu'un qui t'invitera à aller dans son pays et qui te permettra d'étudier; comme ça, tu pourras trouver du travail et nous envoyer à nous, ta famille, de l'argent quand tu en auras.

Je voulais rendre Marie heureuse. Je voulais faire ce qu'il fallait.

Yabom disait qu'elle était une travailleuse sociale, comme Comfort, mais je ne l'avais jamais vue auparavant au camp. Son approche avait été très semblable à celle de Comfort.

— Il y a un homme, avait-elle dit.

Je n'avais jamais rencontré quelqu'un qui parlait autant avec ses mains. Celles-ci volaient dans les airs, accentuant chacune de ses paroles. Je commençais par suivre leur mouvement, puis je me concentrais sur sa peau lisse et sur ses grands yeux ronds.

— Cet homme habite en Angleterre ; il a recueilli des fonds pour ton billet d'avion. Une fois à Londres, tu recevras des traitements médicaux.

— Quel genre de traitements ?

— Eh bien ! cet homme, David, veut t'envoyer à un hôpital où les médecins et les infirmières aident des gens qui ont perdu des membres dans des accidents de voiture ou dans des accidents de travail à la ferme. Il veut payer pour que l'hôpital te donne des prothèses. Tu sais ce que sont les prothèses ?

— Non, ai-je répondu.

Ce mot ne signifiait rien pour moi.

— Bien... a repris Yabom en cherchant ses mots. David veut te donner... comment t'expliquer... de fausses mains. Tu pourras t'en servir comme de vraies mains pour manger, écrire et faire tout ce que tu avais coutume de faire.

De fausses mains ? J'étais incapable de les imaginer. Au camp, quelques enfants auxquels les rebelles avaient coupé une partie de leurs jambes avaient de fausses jambes. C'étaient des machins en bois qui ressemblaient à de grosses bûches et qu'ils fixaient à leurs moignons avec de longues bandes de ruban adhésif. Mais ces bûches avaient toujours l'air de tomber. En vérité, les enfants s'en tiraient mieux quand ils sautillaient sur une jambe que quand ils essayaient de marcher avec deux. Je n'arrivais pas à voir comment des mains et des doigts de bois pouvaient m'être utiles. Mais, pour l'amour de ma famille, je savais que je devais essayer.

La première journée que nous avons passée ensemble, Yabom m'a amenée à un bureau gouvernemental près du palais présidentiel. Au moment où nous franchissions les grilles, je me suis arrêtée pour regarder le drapeau de la Sierra Leone qui flottait au sommet d'un long mât. Notre drapeau est simple, avec ses bandes bleues, vertes et blanches. Je ne l'avais vu que deux ou trois fois auparavant, toujours à Freetown.

— Connais-tu l'histoire de la Sierra Leone ? m'a demandé Yabom, qui, debout à côté de moi, regardait aussi le drapeau.

— Non. Je ne connais pas grand-chose. Juste ce qu'on nous a raconté au camp à propos de la guerre.

— Dans ce cas... a-t-elle dit en me conduisant vers un banc à côté de l'édifice.

Tout était calme de ce côté-ci des grilles, et non pas bruyant et agité comme dans les rues. Les oiseaux gazouillaient, un son que je n'avais pas entendu depuis Magborou. Habituellement, leurs piaillements étaient noyés par le tintamarre des minibus et des voitures qui ne cessaient de klaxonner, et par les voix des gens si nombreux.

— Dans les années 1500, un explorateur portugais naviguait vers la côte de l'Afrique de l'Ouest, a commencé Yabom. Un jour d'orage, il a atteint ce que nous appelons aujourd'hui Freetown. Le tonnerre se répercutait contre les montagnes, et le marin a cru entendre rugir des lions. Il a nommé l'endroit Sierra Lyoa, ou Montagne du Lion... Pendant la majeure partie de notre histoire moderne, la Sierra Leone a appartenu à d'autres pays, a-t-elle poursuivi en levant les yeux vers le drapeau. Nous avons été une colonie de l'Angleterre, où tu iras bientôt, ce qui signifie que les Britanniques — ou les Anglais — disaient que la Sierra Leone était à eux.

Les Britanniques avaient construit des maisons et exploité les ressources du pays, m'a expliqué Yabom. Ils avaient tenté de le moderniser et de le diriger comme un pays européen moderne.

— Qu'est-ce qui est arrivé ? ai-je demandé.

— C'est compliqué, a-t-elle répondu, s'arrêtant pour chercher ses mots. Tu vois, les Européens considéraient les habitants de la Sierra Leone et d'autres peuples africains comme une source de... eh bien ! comme une source d'esclaves.

Yabom m'a décrit comment, pendant la traite des Noirs, des Africains avaient été embarqués de force à bord de navires et envoyés en Amérique du Nord pour travailler sans être payés.

— De nombreuses personnes ont trouvé la mort sur ces bateaux, et les survivants, séparés de leurs familles, ont dû effectuer des tâches terriblement dures pendant de longues heures. Les bébés étaient arrachés à leur mère. Les femmes et les maris étaient séparés. Quand on a commencé à condamner l'esclavage, de nombreux esclaves affranchis sont retournés à Freetown. C'est pourquoi la ville porte ce nom, qui signifie « ville libre ». Ils ne venaient pas seulement de Sierra Leone, mais de toute l'Afrique. Ils ne parlaient pas themné ni mendé. Ils parlaient krio, un mauvais anglais qu'ils avaient appris en Occident... Ma chérie, a-t-elle ajouté en mettant un bras autour de moi, la Sierra Leone n'a obtenu son indépendance de la Grande-Bretagne que dans les années 1960, probablement juste avant la naissance de ta mère. Dix ans plus tard, nous avons été reconnus comme un pays. Il y avait beaucoup de corruption chez les fonctionnaires du gouvernement. Regarde autour de toi, a-t-elle poursuivi en agitant la main dans les airs. Nous sommes un pays riche, plein de ressources, de diamants et de bauxite. Mais nous sommes aussi très, très pauvres. L'argent de la vente de nos ressources n'arrive pas jusqu'au citoyen moyen. Le Libéria, qui borde la Sierra Leone à l'est, était déjà engagé dans une guerre civile quand la guerre a éclaté ici. Un homme appelé Foday Sankoh a fondé le Front révolutionnaire uni depuis le Libéria en 1991, quand tu n'avais que quatre ou cinq ans. Il prétendait vouloir mettre fin aux abus de pouvoir des politiciens d'ici. Il croyait que ceux-ci volaient l'argent qu'ils gagnaient en vendant nos ressources à l'étranger. Mais Sankoh était encore pire que tous les politiciens qu'il accusait de vol. Connais-tu ce vieil adage : quand on pointe le doigt vers quelqu'un, il y a probablement trois doigts déjà pointés vers nous ?

J'ai hoché la tête. Marie nous en servait une variante quand elle désirait nous dissuader de parler les uns contre les autres :

— Mon enfant, disait-elle au garçon ou à la fille qui avait, par exemple, accusé quelqu'un d'autre d'avoir pris plus que sa part de nourriture, si tu reproches à quelqu'un de faire quelque chose de mal, c'est probablement parce que tu as toi-même envie de le faire.

— Sankoh aurait dû regarder ses propres doigts, a repris Yabom. Il a commencé à exploiter les diamants et les a échangés, au Libéria, contre des armes pour poursuivre la guerre. Il a incité de jeunes garçons à devenir soldats. Ces garçons étaient passablement désemparés quand il les a abordés. Ils avaient peu de possibilités d'avenir en Sierra Leone, un pays très pauvre où ils ne pouvaient ni étudier ni travailler. Pour lui, il s'agissait de proies faciles. Nous sommes l'un des pays les plus pauvres de la planète, Mariatu. Tu t'en apercevras bientôt, quand tu seras en Angleterre. Tu verras les vêtements des Londoniens, leurs magnifiques maisons, la nourriture qu'ils mangent, leurs théâtres et leurs musées. Nous avons nos belles plages de sable, mais c'est à peu près tout ce que Freetown possède que l'Angleterre n'a pas.

Nous sommes restées assises à peu près une heure à parler. Le drapeau de la Sierra Leone a cessé de claquer quand le vent chaud du matin s'est calmé.

— Il faut entrer remplir tes formulaires, a dit Yabom en regardant la position du soleil. C'est déjà le début de l'après-midi et, si nous ne nous dépêchons pas, tu n'iras nulle part !

Je devais répondre à une foule de questions avant que le gouvernement ne produise mon acte de naissance. Dans un bureau du premier étage, Yabom et moi nous sommes assises en face d'une femme habillée d'un uniforme que j'associe désormais aux affaires officielles : un chemisier blanc, une jupe droite beige et des souliers noirs à talons hauts.

Les premières questions étaient faciles.

— Où es-tu née ? Où habites-tu maintenant ? Quel est le nom complet de ta mère ? m'a-t-elle demandé.

Puis :

— Quelle est ta date de naissance ?

J'étais déconcertée. Je les ai regardées l'une après l'autre.

— Je ne sais pas, ai-je répondu en haussant les épaules.

— Tu n'es pas la seule, a dit la femme. Dans la plupart des régions de la Sierra Leone, les dates de naissance des enfants ne sont pas enregistrées. Mais il faut inscrire quelque chose. Pouvons-nous deviner ?

— À quelle époque de l'année penses-tu être née ? m'a demandé Yabom.

Je me suis creusé la tête :

— Mon père m'a dit qu'il pleuvait le jour de ma naissance. Mais, d'après sa façon de raconter l'histoire, il n'était pas encore censé pleuvoir. Alors, peut-être à la fin de la saison sèche ?

— Écrivons que c'était au mois de mai, a suggéré Yabom.

La femme a gribouillé le mois, puis elle m'a demandé si j'avais un chiffre préféré.

— Il faut inscrire un jour du mois de mai, a-t-elle expliqué.

Je ne connaissais les chiffres que depuis mon arrivée à Freetown, quand j'avais commencé à mendier. J'avais alors découvert qu'il y avait des pièces de monnaie et des coupures différentes.

— Je ne sais pas. J'aime bien le vingt-cinq.

— Bien, ce sera donc le 25 mai, a dit la femme.

Même si je n'avais jamais célébré d'anniversaire, je savais que je vivais depuis quatorze ans. C'est ainsi que le 25 mai 1986 est devenu ma date de naissance officielle.

À la fin des questions, la représentante du gouvernement a voulu que je signe mon nom.

— Je ne sais pas écrire, ai-je avoué.

— Le gouvernement exige une signature sur les documents officiels, comme ton acte de naissance et ton passeport. Étant donné que plusieurs personnes ont perdu leurs mains à la guerre, il est permis de signer avec le pied. Nous allons donc prendre l'empreinte de ton orteil.

Yabom s'est penchée et m'a enlevé ma sandale droite. Elle a nettoyé mon gros orteil avec une serviette sèche, puis elle l'a enfoncé dans de l'encre bleue. Elle a pressé mon orteil encré sur différents documents.

— Bien, a dit la femme. Tu devrais recevoir ton acte de naissance dans environ six semaines.

— Six semaines de moins avant ton départ pour l'Angleterre, a ajouté Yabom quand nous nous sommes levées pour partir.

Plusieurs fois, j'ai eu envie de parler de Bill à Yabom. Mais je finissais toujours par changer d'idée. Non pas que je ne lui faisais pas confiance — au contraire, sa gentillesse me faisait penser à Fatmata, qui se dévouait pour moi sans jamais rien demander en retour —, mais je craignais que le voyage en Angleterre n'ait pas lieu si je lui confiais qu'un autre homme d'un pays de l'Ouest s'intéressait à mon cas.

Deux femmes de ma famille avaient commencé à rassembler des vêtements de style occidental pour moi. Je suis toute petite ; une fois en Amérique du Nord, j'ai appris que je portais la taille quatre. Comme la plupart des habits que nous recevions au camp étaient trop grands pour moi, Fatmata et Abibatu ont demandé l'aide du père Maurizio. Peu de temps après, il nous a donné des jeans de style italien, très étroits, qui adhéraient à mon corps comme un maillot de bain. Les t-shirts qu'il avait dénichés étaient également ajustés.

La première fois que j'ai enfilé un jean, j'ai poussé un hurlement.

— Comment les femmes font-elles pour marcher avec ça ? me suis-je écriée.

Je n'arrivais même pas à plier les genoux.

— On peut voir tous les replis et les courbes de ton corps, a dit Fatmata en rigolant.

Bientôt, la tente a été tellement remplie que nous pouvions à peine bouger dedans. Nos vêtements, nos poêlons, nos marmites, des sacs de riz et d'autres denrées que nous avions mises de côté pour la saison des pluies étaient empilés le long des parois de nos chambres. Il y avait aussi une grande valise noire que Yabom avait achetée pour moi. J'y ai rangé les vêtements du père Maurizio.

Un soir, Marie, Abibatu, Fatmata, Adamsay et moi nous sommes assises autour du feu. Les hommes et les garçons étaient allés à la mosquée. D'habitude, quand nous étions entre femmes, nous parlions toutes en même temps. Mais, cette fois-là, nous étions étrangement silencieuses.

— Mariatu, a commencé Marie en remuant les braises avec un bâton, je regrette de ne pas t'avoir écoutée le jour où tu as rêvé d'huile de palme.

Surprise de l'entendre s'excuser, je n'ai pas su quoi répondre.

— Peut-être que personne d'entre nous ne reverra jamais sa maison, a dit Abibatu. Cette guerre dure depuis trop longtemps et a causé trop de souffrances. Mais toi, Mariatu, tu as une chance. Tu as la chance de devenir quelqu'un.

— J'aimerais partir aussi, a murmuré Adamsay.

Des larmes ruisselaient sur ses joues. J'aurais voulu la serrer dans mes bras et lui dire de prendre ma place.

— Tu te rappelles comment, après Manarma, j'ai mis une semaine à sortir de la brousse ? a-t-elle repris.

J'ai hoché lentement la tête. Quand Adamsay était arrivée à la clinique de Port Loko, la gangrène rongeait la chair autour de ses plaies, qui se décomposait. Les médecins avaient dû finir ce que les rebelles avaient commencé et couper une grande partie de son bras gauche.

— Tu es plus douée que moi, Mariatu. Tu as toujours eu le sens de l'orientation et tu sais reconnaître les motivations des gens. Veux-tu te servir de ton intelligence pour moi, devenir très brillante dans ce pays appelé Angleterre et me montrer comment trouver mon chemin ?

— Tu es notre espoir pour l'avenir, Mariatu, a ajouté Marie. Suis ce traitement médical, va à l'école et trouve un emploi.

Pendant une minute, personne n'a parlé. Des étincelles ont volé dans les airs.

— Ne regarde pas en arrière, Mariatu, a dit Marie, rompant le silence. Si tu regardes en arrière, tu passeras ta vie à regretter et à te demander comment les choses auraient pu être. Regarde toujours en avant.

Les membres de ma famille, Victor et quelques comédiens de la troupe se sont réunis pour me dire adieu le matin de mon départ pour l'Angleterre. Mariatu me manquait. Elle était partie aux États-Unis peu après notre spectacle au stade de soccer.

— Ne nous oublie pas, m'a dit Victor au moment de me faire ses adieux.

— Comment pourrais-je vous oublier ? ai-je protesté.

Et c'était vrai. Je savais que je n'oublierais jamais Victor ni aucun autre membre de la troupe de théâtre.

Memunatu et les autres ont chanté une chanson d'adieu, et j'ai dansé avec eux.

Mohamed a été le premier membre de ma famille à s'avancer vers moi.

— Au revoir, Mariatu, m'a-t-il dit en me serrant dans ses grands bras musclés.

J'ai essayé très fort de ne pas pleurer quand Abibatu a placé un plat de riz en sauce entre mes bras.

— Pour la traversée en ferry, a-t-elle expliqué, les yeux pleins de larmes. Tu auras peut-être faim.

— Viens, Mariatu, a dit Marie en prenant ma valise.

Marie est encore plus petite que moi, et j'ai ri en la voyant avec ma grosse valise dans les bras.

— Aidez-la, ai-je crié à Ibrahim et à Mohamed.

— Ah, Mariatu ! s'est exclamé Ibrahim en souriant, pendant que Mohamed et lui s'emparaient de la valise et la hissaient sur leur tête. Une chose est sûre : toi et tes ordres n'allez pas me manquer !

J'ai éclaté de rire et je l'ai bousculé en essayant de le faire tomber. Puis, j'y ai renoncé, préférant embrasser les garçons sur les joues.

Ils m'ont tous accompagnée au minibus-taxi qui attendait dans la rue. Yabom s'y trouvait déjà.

Quand ma valise a été bien rangée dans la soute à bagages et que j'ai été assise sur le siège avant à côté du chauffeur, je me suis penchée et j'ai agité le bras pour dire au revoir. Ma famille et mes amis me souriaient.

J'ai continué de sourire même si, à l'intérieur de moi, je tremblais. Je sentais un poids très lourd sur mes épaules. « Vous reverrai-je un jour ? me suis-je demandé pendant que l'autobus s'éloignait. Serai-je capable de répondre à vos attentes ? »

J'ai refoulé mes larmes. Nous avancions sur la route poussiéreuse, et je me rappelais les paroles de Marie : « Regarde toujours en avant. »

CHAPITRE 15

— Encore un jour de pluie ! ai-je maugréé.

J'ai roulé hors de mon lit en me frottant les yeux. De la fenêtre de la cuisine, j'ai contemplé la Tamise houleuse.

— Il pleut encore plus à Londres que durant toute la saison des pluies en Sierra Leone, ai-je fait remarquer à Yabom, qui sirotait une tasse de café. Est-ce qu'il faut sortir, aujourd'hui ?

— Nous devrions essayer de faire quelque chose, a-t-elle répondu.

Tous les lieux que David nous avait recommandé de visiter étaient inscrits sur une feuille fixée au réfrigérateur.

— Le Musée d'histoire naturelle, peut-être ? a-t-elle proposé.

Nous étions à Londres depuis deux semaines, et il avait plu quotidiennement. David avait suggéré que nous explorions la ville en attendant le jour de mon rendez-vous à l'hôpital. Sa liste comprenait, notamment, le parlement, une grande horloge appelée Big Ben, l'abbaye de Westminster, la cathédrale Saint-Paul et le musée de Madame Tussauds.

— C'est quoi, le musée de Madame Tussauds ?

— David dit qu'on y voit des mannequins qui ont l'air vivant et qui représentent les vedettes favorites.

— C'est quoi, une vedette ?

— Je n'en ai aucune idée, a répondu Yabom en secouant la tête.

L'appartement de deux chambres où nous habitions appartenait à Mariama, une femme de la Sierra Leone qui avait aidé David à organiser mon voyage. Yabom a allumé la télévision pour moi. Assise, les jambes croisées, j'ai regardé le numéro d'un groupe musical appelé 'N Sync. Je ne comprenais pas un mot de ce qu'il chantait, et le rythme m'était complètement étranger.

— Cette musique occidentale n'a pas de vrai rythme, ai-je crié à Yabom, qui lavait la vaisselle du petit-déjeuner. Où sont les joueurs de tam-tam ?

J'ai éteint la télé comme Mariama m'avait appris à le faire et j'ai rejoint Yabom dans la cuisine.

— Je n'aime pas ce pays, ai-je déclaré. Il fait toujours gris. On voit tant de couleurs en Sierra Leone : les vêtements que les gens portent, les arbres, les fleurs...

— Tu vas t'habituer à Londres. Il faut un peu de temps pour voir comment les choses fonctionnent en Angleterre et pour apprécier les couleurs différentes qu'on trouve ici.

— Difficile d'apprécier le gris, ai-je rétorqué en riant.

Dans les rues londoniennes, tout le monde marchait vite sans jamais avoir l'air de remarquer les autres passants, sans jamais dire bonjour. Les gens se croisaient sans se saluer d'un signe de tête.

Chaque fois que nous sortions de l'appartement de Mariama, nous devions chausser de drôles de bottes appelées « Wellington » et enfiler des manteaux de caoutchouc inconfortables.

Yabom a fini par me convaincre d'aller visiter quelque chose. Même avec mes bras serrés autour de ma taille, je claquais des dents.

À Londres, en plus de pleuvoir, il faisait très froid.

— Yabom, on ne pourrait pas visiter quelque chose à l'intérieur ?

— Allons faire un tour d'autobus.

La première fois que j'avais vu un autobus rouge à deux étages, j'avais dit à Yabom que je voulais l'essayer. Une quinzaine de personnes s'assoient dans un *poda-poda* de Sierra Leone, pendant que dix autres sont par terre et se cramponnent aux côtés et à l'arrière du véhicule. Je ne pouvais même pas compter les passagers qui tenaient dans les autobus londoniens.

Mariama s'était installée en Angleterre avant la guerre, et elle était très active au sein de la communauté sierra-léonaise de Londres. Elle organisait des soupers et aidait les immigrants à se trouver un logement et du travail. Elle avait contribué à recueillir des fonds pour mon traitement médical, surtout auprès de mes compatriotes vivant dans la ville.

— Quand nous avons lu, dans le journal, des articles au sujet des amputés, nous avons compris qu'il fallait intervenir, m'avait-elle dit.

Dans son appartement, j'avais ma propre chambre, ce que je n'avais jamais eu chez moi. Mais il faisait sombre dans la pièce, car la fenêtre donnait sur un autre immeuble gris, et je n'aimais pas dormir seule. Je me sentais abandonnée, perdue dans un espace trop vaste. J'avais l'habitude de dormir avec une personne de chaque côté de moi, et le bruit de leur respiration me rassurait. Au milieu de la nuit dans ma chambre londonienne, je n'entendais que le ronronnement du réfrigérateur et d'autres appareils électriques.

Depuis notre arrivée à Londres, j'avais commencé à faire des cauchemars dans lesquels je voyais les rebelles. Je rêvais qu'ils me poursuivaient. Que je marchais de nouveau sur la route d'argile qui menait à Port Loko. Un hibou me criait qu'il y avait du danger à l'horizon. Je regardais à travers les hautes herbes à éléphant, et je voyais le chef des rebelles. Levant la main, il ordonnait aux garçons d'attaquer, et je revoyais leurs visages. Leurs yeux étaient fous, leurs joues, gonflées, et ils étaient couverts de sang — de mon sang. Ils hurlaient en se précipitant vers moi. Un instant plus tard, ils étaient par-dessus moi et brandissaient leurs machettes.

Je me réveillais en criant. Yabom sortait en vitesse de la chambre qu'elle partageait avec Mariama, les cheveux hérissés, sa chemise de nuit froissée. Elle s'allongeait sous les couvertures à côté de moi et me caressait la tête comme Fatmata et Abibatu l'avaient fait quand j'étais à l'hôpital. Je me rendormais et j'avais d'autres cauchemars.

— Tu as peut-être ces mauvais rêves parce que tu es loin et que tu te sens maintenant à l'abri des rebelles, m'a dit Yabom une nuit. Ce sont peut-être des émotions, des souvenirs dont tu as besoin de parler.

— Je n'ai jamais vraiment raconté l'agression, ai-je répondu. Je n'en ai parlé qu'aux médecins et aux journalistes. Ils étaient tous si occupés à prendre des notes que c'est à peine s'ils me regardaient. La moitié du temps, je ne savais même pas s'ils m'écoutaient.

— Raconte-la-moi, a murmuré Yabom en se tournant vers moi.

J'aimais son odeur de savon Ivory et la chaleur de son corps près du mien. Elle m'a tenue dans ses bras pendant que je lui parlais en détail de ma vie. Je lui ai décrit Magborou et lui ai dit pourquoi j'étais allée habiter chez Marie et Alie. Je lui ai confié les images que j'avais gardées au sujet des rebelles, et aussi de l'homme que j'avais croisé dans la brousse et qui m'avait mise sur le chemin de Port Loko. Je lui ai même parlé de Salieu et de la culpabilité que j'avais ressentie d'avoir été choisie pour partir, moi plutôt qu'Adamsay.

— Elle le mérite plus que moi, ai-je soupiré. Elle a si bon cœur, alors que je ne vaux rien ! J'ai tué Abdul.

J'avais rarement été écoutée avec autant d'attention. Quand je me suis tue, Yabom m'a parlé de sa propre vie. Elle était mariée et elle voulait avoir des enfants, mais pas avant que la guerre soit finie.

— Quand nous serons en sécurité et que mon fils ou ma fille aura une chance. Désires-tu toujours avoir des enfants un jour ?

— Oui. J'ai toujours voulu en avoir quatre. Et je pense que je le veux encore.

— Abdul n'est pas mort à cause de toi, tu sais. En Sierra Leone, de nombreux bébés meurent de maladies et de malnutrition. Tu n'étais qu'une enfant, et les enfants ne sont pas censés avoir des bébés. D'ailleurs, Abdul recevait beaucoup d'amour de la part de Marie, d'Abibatu, de Fatmata et de Mabinty. Comme toi quand tu es allée vivre chez Marie et Alie. As-tu déjà pensé que c'était parce que ta mère ne t'aimait pas?

— Non. Jamais.

J'ai confié à Yabom que j'avais peur:

— Ma famille veut que j'aille à l'école et que je trouve un bon emploi, mais comment y parviendrai-je sans mains? J'aimerais tellement qu'elle soit fière de moi! Que Marie, Alie et les autres retournent à Magborou et retrouvent leur ancienne vie. Ils ne peuvent même pas payer le transport pour s'y rendre. Je veux faire ce qu'il faut et trouver l'argent nécessaire à leur retour là-bas. Mais je ne sais pas comment j'y arriverai.

— Tu as beaucoup de pain sur la planche, a dit Yabom en s'appuyant sur son coude. Quand tu auras de nouvelles mains et que tu auras fait des études, tu trouveras du travail. Alors, ta famille ne sera plus obligée de te nourrir et de s'occuper de toi. Actuellement, tu dois te concentrer sur un seul but: devenir autonome. Après, tu pourras penser aux autres.

— Bien, ai-je répondu, même si cela ne m'apportait pas un grand réconfort. J'essaierai.

Le réveille-matin posé sur ma commode indiquait quatre heures. Nous avions parlé presque toute la nuit.

— Aujourd'hui, nous irons acheter des fleurs, a suggéré Yabom. Ensuite, tu pourras commencer à apprendre ton alphabet. Nous allons égayer ta chambre et te remonter le moral.

Sur ces mots, nous nous sommes toutes deux endormies.

Yabom pensait qu'il me faudrait un certain temps pour m'habituer à la vie londonienne, et David m'a dit la même chose à propos des prothèses. Nous nous trouvions dans le bureau du médecin, lui, Yabom, Mariama et moi, la première fois que j'ai essayé de les mettre. Ces machins fabriqués en lanières de cuir épais et en métal étincelant devaient être attachés comme un sac à dos. Ils étaient gros et très, très lourds. Pour les ajuster, je devais faire travailler tous les muscles de mon dos et de mes bras.

Les adultes ont tenté de me rassurer : ce n'était qu'un appareil temporaire. Mes *vraies* fausses mains, pour lesquelles j'étais venue à Londres, seraient prêtes quelques semaines plus tard. Pour qu'on puisse les fabriquer, il a fallu que je place mes bras dans toutes sortes de moules en plastique gluant. On m'a dit que ces nouvelles mains, en plastique, seraient plus petites et plus légères. En attendant, je devais me contenter de l'horrible appareil métallique.

Je ne pouvais rien faire pour que les mains de métal répondent à ce que j'attendais d'elles. Deux ou trois fois par semaine, les thérapeutes de l'hôpital essayaient de me montrer comment saisir de grands anneaux de plastique ou des balles de la grosseur du poing avec les longs doigts recourbés en métal. Quand la thérapeute aux cheveux blonds et raides guidait mes bras, je parvenais à pousser de mes doigts une pièce de monnaie d'un côté à l'autre d'une boîte en carton. Mais, toute seule, je n'arrivais même pas à approcher de la pièce de monnaie. À la fin, le poids des fausses mains renversait la boîte, et je soupirais d'un air embarrassé.

— Tout va bien, disait toujours la thérapeute avec son accent britannique.

Mais je voyais bien qu'elle était frustrée. Sa peau laiteuse se marbrait de taches rouges et elle serrait les poings, m'encourageant, selon elle, comme les fans de soccer encourageaient leurs joueurs préférés. J'étais convaincue que les fans soutenaient leurs joueurs favoris même quand ils savaient qu'ils ne marqueraient pas de but.

David et Mariama voulaient que je m'entraîne en portant les prothèses tous les jours. Ma première tâche, le matin, après avoir enfilé un jean donné par le père Maurizio et un chandail à manches longues, consistait à les mettre toute seule. Je m'asseyais sur le plancher, posais l'appareil sur mon lit et me glissais dedans. S'il tombait, comme cela arrivait souvent, je devais tout recommencer. J'ai essayé de le placer sur une chaise et de l'enfiler de dos, mais je n'ai réussi qu'à renverser la chaise.

Yabom me témoignait de l'empathie. Après le départ de Mariama, elle venait dans ma chambre et m'aidait. La première fois que j'ai pris le petit-déjeuner avec mes prothèses, j'ai réussi à piquer un morceau de pain grillé au bout d'un des longs doigts. Yabom voulait que je le mange tout de suite, comme un morceau de viande au bout d'un bâton, mais je me suis renfrognée : je ne voulais pas me nourrir de cette façon. En fait, j'étais devenue passablement habile sans les prothèses. J'utilisais une cuiller fixée à mes avant-bras avec du velcro. Je pouvais manger tout ce que je voulais avec ma cuiller, même du riz et de tout petits pois. Je n'avais pas besoin de ces faux doigts.

Après l'incident du pain grillé, j'ai refusé de prendre le petit-déjeuner. Je sortais de ma chambre avec le machin attaché dans le dos, et je salivais devant les boîtes de céréales, les contenants de lait et de crème, les bananes et le pain. Mais je prétendais que je n'avais pas faim. Je retournais broyer du noir dans ma chambre jusqu'à ce que Yabom vienne me chercher.

Les jours de congé, elle et moi explorions la ville. Mais, à présent, je détestais marcher dans Londres. Les premières semaines de mon séjour, les gens passaient à côté de moi sans me prêter attention ; maintenant, ils ralentissaient le pas et nous regardaient fixement, mes mains de métal et moi. Mariama et Yabom m'avaient acheté un manteau en épais lainage bleu beaucoup trop grand pour moi afin que je puisse faire passer l'appareil métallique. Mes mains d'argent ressortaient, et les visages des gens émergeaient de leur parapluie pour voir le spectacle : une petite Africaine dans un manteau trop grand avec un bidule en métal de trente centimètres de long au bout de chaque manche.

Auparavant, aller chez la fleuriste au coin de la rue avait été mon occupation favorite à Londres. Je pouvais passer des heures à respirer le parfum des roses rouges, roses et jaunes et des lis blancs, à admirer les bouquets assemblés par la fleuriste. J'achetais souvent des gardénias avec l'argent que David et Mariama m'avaient donné pour mes activités touristiques, puis je les mettais dans un vase de verre sur la commode de ma chambre. Mais, maintenant, la gentille vendeuse aux cheveux roux me suivait dans la boutique de peur que je renverse un vase. C'était arrivé une fois, et j'avais gâché une gerbe de roses blanches.

Comme j'avais appris à le faire quand je mendiais dans les rues de Freetown, je gardais les yeux baissés. Cela ne m'empêchait toutefois pas de voir les regards des inconnus. Je voyais aussi les sans-abri, sales et débraillés, qui tendaient aux passants des boîtes de conserve plutôt que des sacs de plastique. Il y avait un jeune homme toujours posté à l'entrée de la station de métro la plus proche de notre appartement. Il devait avoir vingt ans, et ses cheveux blonds étaient sales et emmêlés. Il portait un paletot déchiré, une tuque de laine brune, et un jean plein de taches et d'accrocs. Ses mains étaient maculées, et il avait les doigts jaunis, sans doute parce qu'il fumait des cigarettes, m'avait expliqué Yabom. Parfois, il restait simplement assis sur le ciment. D'autres fois, il jouait de la guitare. Un jour, je l'ai vu jouer du tam-tam africain. Il ne le faisait pas aussi bien que les garçons de chez nous, qui battaient le tam-tam avec force et rapidité. Mais il essayait.

J'avais touché très doucement le coude de Yabom avec mon appareil pour lui demander de lui donner quelques sous.

— Nous ne pouvons pas jeter notre argent par les fenêtres ! avait-elle protesté.

— S'il te plaît, Yabom. Ce garçon est comme moi quand j'étais au camp des amputés.

Yabom avait lancé quelques pièces de monnaie dans l'étui à guitare et j'avais souri, essayant d'attirer l'attention du garçon. Mais lui aussi avait appris à ne pas lever les yeux.

— Pourquoi y a-t-il des jeunes obligés de mendier à Londres ? ai-je demandé à David et à Mariama un soir, pendant que nous mangions un plat de riz et d'agneau. Je pensais que c'était un pays riche, où tout le monde conduisait une Mercedes.

— C'est vrai que l'Angleterre n'a pas autant de problèmes que la Sierra Leone, m'a répondu David, mais il y a des gens pauvres ici aussi. Il y a des pauvres partout dans le monde. D'ailleurs, ils sont plus nombreux que les riches.

J'ai eu le cœur serré. Si je n'étudiais pas bientôt et si je restais en Angleterre, je deviendrais une sans-abri et je mendierais comme en Sierra Leone. Il y aurait cependant une grande différence : je devrais le faire dans le froid, sous la pluie.

Ce soir-là, tout de suite après le souper, j'ai demandé à Yabom de prendre les lettres de couleur aimantées, plaquées sur le réfrigérateur. Jusque-là, je n'avais pas fait trop d'efforts pour apprendre l'alphabet, parce que je détestais pousser les lettres avec mes faux doigts de métal. Pendant que David et Mariama desservaient, j'ai chuchoté à Yabom de les apporter dans ma chambre. Je lui ai demandé de m'aider à retirer mon appareil ; puis, nous nous sommes assises sur le plancher et, à l'aide de mes bras, je les ai disposées devant moi. Après une heure et demie environ, et plusieurs erreurs corrigées par Yabom, j'ai finalement réussi à les placer de A à Z, dans le bon ordre. Yabom était ravie.

— Demain, nous commencerons à épeler quelques mots en anglais, a-t-elle dit.

Nos séances d'épellation se sont bien passées mais, une semaine ou deux plus tard, Yabom m'a posé une question qui m'a bouleversée:

— Mariatu, qui est Bill?

Je ne savais pas comment répondre. J'ai jeté un coup d'œil à Mariama, qui me fixait d'un air mécontent.

Nous étions toutes trois au salon. Ce soir-là, en revenant de son travail dans un bureau du gouvernement, Mariama avait demandé à Yabom, qui m'aidait à écrire des mots, de la suivre dans sa chambre. En attendant, j'avais allumé la télévision et regardé des clips musicaux. Ensuite, Mariama avait éteint la télé et Yabom s'était assise à côté de moi sur le canapé.

— Qui est Bill, Mariatu? a répété Mariama, moins gentiment que Yabom.

Une partie de moi espérait qu'elles le savaient déjà. Après tout, Yabom avait téléphoné régulièrement à Freetown pour informer le personnel du camp de l'évolution de mon traitement et lui demander de transmettre ces renseignements à ma famille. Après l'une de ces conversations téléphoniques, elle m'avait dit que Marie, Alie et Adamsay avaient emménagé dans un petit village aux abords de Masaika, à environ une heure de minibus de Freetown. Quelqu'un du Canada leur avait envoyé de l'argent, avait-elle ajouté. Alors, comment se faisait-il que Mariama et elle n'avaient jamais entendu parler de Bill?

Mariama tambourinait sur les accoudoirs de son fauteuil.

— Mariatu, qui est Bill? m'a redemandé Yabom. S'il te plaît, dis-le-nous.

J'ai inspiré profondément, puis j'ai passé une heure à leur expliquer comment Bill était entré dans ma vie et dans celle de ma famille.

— Pourquoi ne pas nous en avoir parlé avant? m'a demandé Mariama quand j'ai eu fini.

— Je pensais que vous étiez déjà au courant. De toute façon, ce n'est pas comme s'il voulait que je déménage au Canada.

— Mariatu, a dit Yabom en soupirant, il *veut* que tu ailles vivre là-bas. Il a accepté de te faire venir dans son pays.

J'ai vraiment essayé de cacher ma joie. Mariama, Yabom et David avaient tant fait pour moi, et je ne voulais pas les blesser! Mais mon moral est remonté en flèche lorsque j'ai appris la nouvelle. Je ne peux expliquer vraiment pourquoi, parce que tout ce que je savais de ce lieu étrange appelé Canada, c'était que du sel tombait du ciel. Pourtant, je savais que c'était mon pays.

— Quand Bill veut-il que j'aille vivre au Canada? ai-je demandé.

— Mariatu, m'a répondu Mariama, l'air fâché, tu dois recevoir tes prothèses d'un jour à l'autre. Il faut que tu apprennes à t'en servir. Tu as encore besoin de suivre des traitements ici. Tu ne peux pas quitter l'Angleterre.

J'ai senti une chaleur envahir mon visage.

— Mais je veux aller au Canada. Je ne resterai que six mois en Angleterre. Que va-t-il se passer après? Pourrai-je aller au Canada?

— Il est très possible que tu puisses rester en Angleterre, m'a dit Yabom en m'entourant les épaules de son bras. La famille de Mariama accepte de te parrainer et, quand tu seras habituée à tes nouvelles mains, nous t'inscrirons à une école pour filles.

— Pourquoi? ai-je crié.

J'étais tout aussi étonnée par ma réaction que Yabom et Mariama. Mais je n'étais plus capable de cacher ma colère.

— Pourquoi dois-je porter ces choses ? ai-je continué en levant mes mains métalliques. Je les déteste ! Je peux faire tout ce que je veux sans elles, et mieux encore. Je veux aller ailleurs. Je veux aller au Canada !

— Ne sois pas si ingrate, m'a grondée Mariama. Ici, tu as des possibilités dont les enfants de ton camp, à Freetown, ne peuvent même pas rêver.

Je me suis levée et j'ai commencé à trépigner.

— Je n'ai jamais demandé à vivre ce que j'ai vécu, mais maintenant je demande d'aller à ce pays, le Canada.

J'ai couru vers ma chambre. Là, j'ai arraché mes prothèses et je les ai jetées par terre. Yabom, qui m'avait suivie, a tenté de me réconforter.

— Laisse-moi tranquille, ai-je hurlé en la repoussant vers la porte.

Elle a paru effrayée en me voyant agiter furieusement les bras. Je me suis jetée sur elle, hors de moi, comme je m'étais jetée sur Abibatu le soir où elle m'avait empêchée de nous tuer, mon bébé et moi, en prenant des pilules. Yabom a reculé de plusieurs pas pour éviter mes coups. Quand elle est sortie, je lui ai claqué la porte au nez.

J'ai reculé, à bout de souffle, heurtant mon lit. Je me suis écroulée sur le sol, j'ai enfoui ma tête dans mes bras et j'ai fondu en larmes.

J'ai fini par cesser de pleurer, mais je suis restée dans ma chambre jusqu'à ce que la maison devienne silencieuse. Yabom et Mariama étaient allées se coucher. Personne n'était venu me voir, me souhaiter bonne nuit. J'imagine qu'elles espéraient que je m'étais couchée, moi aussi, et que ma colère aurait disparu le lendemain.

Elle a disparu, mais pas ma détermination à déménager au Canada. Même si Mariama et David m'ont suppliée de rester en Angleterre, ma décision était prise. Reconnaissant qu'il était inutile de continuer à discuter, Yabom a entrepris les procédures en vue de l'obtention de mon visa canadien.

Un matin, nous avons pris le métro jusqu'aux bureaux du haut-commissariat canadien.

— Je regrette, nous a dit une gentille jeune femme, mais vous devez retourner à votre lieu de naissance. C'est de là qu'il vous faut présenter votre demande.

— Elle ne peut retourner en Sierra Leone, a protesté Yabom. Le pays est en guerre. Elle ne pourra peut-être jamais repartir.

Ce n'était pas tout à fait vrai. Nous étions maintenant en février 2002, et le président Ahmad Tejan Kabbah avait déclaré un mois plus tôt que la guerre était finie.

— Nos règlements stipulent qu'elle doit présenter sa demande en Sierra Leone, a insisté poliment la jeune femme. D'ici, je ne peux rien pour elle.

— Alors, je retournerai chez nous! ai-je annoncé à Yabom pendant que nous nous dirigions vers le métro.

— Si tu fais ça, tu ne pourras peut-être jamais repartir, a répété Yabom. Mariama et David ont raison: l'Angleterre est ta chance. Tu cours un gros risque en rentrant en Sierra Leone. Il n'y a même pas de consulat canadien à Freetown. Je ne sais pas où cette femme pense que tu vas remplir les formulaires. Tu ne repartiras sans doute jamais de Freetown. C'est ce que tu veux?

J'ai attendu d'être blottie à côté d'elle dans le métro — que les Britanniques appellent *tube* — pour lui chuchoter, en glissant mon bras sous le sien:

— Je sais, au plus profond de mon cœur, que je ne suis pas chez moi en Angleterre. Je ne peux expliquer comment je le sais, mais c'est la vérité. J'ai su d'autres choses dans ma vie. J'ai, notamment, prévu l'arrivée des rebelles. Par le passé, j'ai essayé de m'exprimer, mais j'ai toujours fini par faire ce que les gens plus âgés attendaient de moi. Cette fois, je veux que tu aies confiance en moi. Je suis maintenant capable de faire à peu près tout ce que je veux sans mes mains. Je n'ai pas besoin de ces prothèses. Et je veux aussi voir ma famille. D'une façon ou d'une autre, j'obtiendrai ce visa pour le Canada, et ce sera dans ce pays, où il neige, que j'irai à l'école et que je deviendrai quelqu'un.

— Très bien, Mariatu. Je te ferai confiance. C'est ta vie, après tout. Je t'aiderai de mon mieux.

CHAPITRE 16

Depuis mon éclat, Yabom, Mariama et David ne m'obligeaient plus à manger en tenant une fourchette entre mes faux doigts ni à porter mes prothèses quand j'allais me promener. Peu à peu, ils ont cessé de protester quand je disais :

— Pas aujourd'hui. Je m'entraînerai demain.

En retour, je leur ai montré que je pouvais attacher les lacets de mes baskets, remonter la fermeture éclair de mes vestes et de mes blousons, et ouvrir des pots et des bouteilles en me servant uniquement de mes bras et de mes dents. J'avais même commencé à préparer ma propre nourriture, surtout du riz avec des piments, du poulet et du poisson que j'allais acheter au marché avec Yabom.

— Je suppose que nous avons commis une erreur en croyant que les prothèses te seraient bénéfiques, m'a dit David avec bonté, un soir.

— Non. Je m'habituerai peut-être un jour à les mettre. Mais, pour l'instant, j'aime faire les choses à ma façon. Merci pour votre aide, David. J'ai beaucoup appris en Angleterre.

C'était vrai, même si les adultes considéraient mon expérience comme un échec. Je pouvais désormais lire un peu d'anglais, et je reconnaissais les panneaux indicateurs dans les rues. Je savais compter jusqu'à cent. Mais, surtout, j'avais acquis en Angleterre assez d'assurance pour écouter ma voix intérieure et exprimer mes besoins et mes désirs.

Il pleuvait encore quand j'ai quitté Londres pour Freetown. Mes nouvelles mains de plastique étaient dans mon sac de voyage, soigneusement emballées dans du papier de soie. On les avait fabriquées pour moi et elles remplaçaient l'appareil métallique. Mais, même si elles étaient petites et légères et si elles s'ajustaient parfaitement autour de mes bras, j'étais encore plus habile sans elles.

Une autre chose que j'avais découverte à mon sujet en Angleterre, c'était que j'aimais la mode. J'avais également rangé dans mon sac, à côté de mes prothèses, une paire de bottes en cuir noir, à talons aiguilles.

— Où vas-tu porter ces machins ? avait cherché à savoir Yabom quand je lui avais demandé de me les acheter. Et comment vas-tu faire pour marcher ?

En fait, je les avais portées partout. Et, au moment de mon départ, j'en étais venue à aimer marcher dans la ville, les bras enfouis dans les poches d'un manteau de lainage bleu marine à ma taille, un des foulards de soie de Mariama autour du cou, chaussée de ces bottes élégantes.

Une fois dans l'avion, j'ai baissé le store du hublot à côté de moi. Je ne voulais pas voir dehors pendant que nous accélérions et décollions, que nous nous rapprochions des nuages et entrions dedans. Chaque fois que nous traversions une zone de turbulences, j'agrippais frénétiquement le bras de Yabom et le serrais très fort.

La plupart des passagers ont dormi, mais je n'osais même pas fermer les yeux tant j'avais peur que l'avion s'écrase. J'écoutais attentivement chaque mot que les agents de bord disaient en anglais ; j'ai même saisi une partie de leurs propos. J'ai mangé quelques bouchées de mon repas de poulet et de pommes de terre. Puis, juste avant l'atterrissage, je me suis maquillée. J'avais maintenant quinze ans et, à Londres, Yabom m'avait permis d'utiliser ses cosmétiques. Avant notre départ pour Freetown, Mariama m'avait acheté du rouge à lèvres, de l'ombre à paupières rose et un eye-liner brun, ainsi qu'une petite trousse de maquillage.

Il était presque minuit quand nous avons atterri à l'aéroport international Lungi, situé sur une rive du fleuve Sierra Leone, à Freetown. Malgré l'heure tardive, des porteurs et des douaniers se pressaient dans l'aérogare. L'un des douaniers a estampillé mon passeport vert de Sierra Leone et m'a fait signe de passer.

Dehors, de jeunes garçons ont sifflé à notre passage et ont tendu les mains vers nous pour que nous leur donnions de l'argent. L'air chaud et humide et la vue de ces garçons m'ont frappée ; c'était comme si je recevais une brique sur la tête. C'étaient des enfants comme moi, avec une famille qui comptait sur eux pour gagner quelques leones qui leur permettraient d'acheter des légumes et du riz. L'aéroport était un bon endroit ; les étrangers qui débarquaient étaient, pour la plupart, employés par des organisations d'aide internationale et se montraient souvent généreux après leur long voyage.

Yabom a donné quelques leones à un garçon pour qu'il dépose nos valises sur un chariot et nous escorte à l'un des minibus-taxis. Une quinzaine de personnes, toutes étrangères sauf Yabom et moi, se sont entassées dans l'un des véhicules.

Le taxi nous a conduites directement au traversier. À mi-chemin sur le fleuve, je suis sortie du minibus et suis allée m'appuyer au bastingage. J'ai respiré l'air familier, chargé d'odeurs de charbon et d'épices piquantes. «Je suis chez moi», ai-je pensé. J'ai souri, puis j'ai soudain eu la chair de poule. « S'il fallait que je ne puisse plus jamais repartir d'ici ! Je ne peux tout simplement pas recommencer à mendier.» À ce moment, une partie de moi a senti que j'avais commis une terrible erreur en revenant.

Je n'ai pas fait part de ces impressions à Yabom quand je suis retournée au taxi. Elle s'était endormie, et je l'ai seulement réveillée quand nous sommes arrivées à l'autre rive et que j'ai aperçu son mari, venu nous accueillir. Il a chargé nos valises dans la voiture déglinguée qu'il avait empruntée à un ami. Je me suis installée sur la banquette arrière tandis que Yabom s'asseyait à l'avant à côté de son mari.

Même au milieu de la nuit, l'animation régnait dans les rues. Autour des feux, on voyait des gens qui faisaient frire des cassaves, tandis que d'autres essayaient de dormir sur des nattes posées à même le ciment ou la route de terre. Épuisée, j'allais m'endormir quand le mari de Yabom a tourné à gauche après la tour de l'horloge. Alarmée, je me suis penchée en avant.

— Où allons-nous?

— Chez nous, m'a répondu Yabom.

— Mais je veux retourner au camp, me suis-je écriée.

— C'est impossible, Mariatu, a dit Yabom en se tournant pour me regarder dans les yeux. Sur ce point, je ne céderai pas.

— Pourquoi? Je veux voir ma famille!

— Mais ta famille a déménagé dans un village près de Masaika.

— Seuls quelques membres de ma famille y sont allés, ai-je insisté. J'ai encore des parents et des amis à Aberdeen. Emmenez-moi là-bas, je vous en prie!

— Écoute, Mariatu, a répondu Yabom d'une voix à la fois douce et ferme. Il y a encore beaucoup de souffrance dans ce pays. Même si la guerre est finie, d'innombrables personnes n'ont plus de maison et sont incapables de retourner dans leur village. On ne compte plus les gens mutilés, comme toi. Ils semblent peut-être se réjouir de la chance que tu as d'être allée en Angleterre et de devoir partir pour le Canada mais, au fond d'eux, ils sont jaloux. Ils veulent ce que tu as. Et ils feront des choses, comme embaucher des femmes pratiquant la sorcellerie, pour te jeter des sorts afin que la chance leur sourie.

— Je n'ai pas peur d'eux. Aucune des personnes que je connais ne me voudrait du mal. Pas après tout ce que j'ai vécu. Amenez-moi au camp.

Yabom m'a regardée fixement pendant quelques instants sans rien dire.

— Mariatu, a-t-elle fini par concéder, je veux t'aider, mais tu dois m'écouter.

— Et toi, tu dois me faire confiance, ai-je répondu, élevant la voix. À Londres, tu l'as promis. Je veux aller à Aberdeen.

— Qu'elle aille où elle veut, a interrompu le mari de Yabom. Elle est assez grande pour prendre ses décisions.

Il a engagé le véhicule dans une ruelle cahoteuse bordée de nids-de-poule et, peu de temps après, nous avons émergé sur la route d'Aberdeen.

Quand nous nous sommes arrêtés devant le camp, j'ai aperçu les feux. J'ai entendu des gens parler, des chiens aboyer.

— Je vais y aller toute seule, ai-je dit à Yabom, qui était descendue de la voiture et m'ouvrait la portière.

— Malgré ce que j'en pense, je vais te faire confiance, m'a-t-elle assuré. Je viendrai te voir dans quelques jours. Tout ira bien, Mariatu. Tout ira bien.

J'ai saisi la poignée de ma valise et passé la courroie de mon sac de voyage sur mon épaule.

— Bon séjour avec ton mari, Yabom, ai-je lancé en me tournant pour pénétrer dans le camp. Nous nous reverrons bientôt, et nous irons au Canada. Crois-moi !

— Allô ! Allô ! ai-je crié.

Mohamed, Ibrahim, Abdul et Fatmata ont été très heureux de me voir quand je les ai réveillés. Yabom m'avait appris que le couple avait maintenant une fille, nommée Mariatu en mon honneur.

Fatmata m'a serrée dans ses bras en sanglotant. Comme d'habitude, Mohamed a plaisanté :

— Tu ne pouvais tout simplement pas vivre sans moi, s'est-il écrié en riant. Nous devrions peut-être nous marier.

— Ha ! ha ! ai-je répondu en lui faisant une grimace, même si je devais admettre qu'il était impressionnant dans son débardeur et son pantalon blancs. Que t'est-il arrivé pendant mon absence ? l'ai-je taquiné. Tu es devenu une vedette de cinéma ?

— Une quoi ?

— Peu importe, ai-je dit en l'embrassant.

L'espace d'un instant, j'avais oublié qu'il n'avait jamais vu de film ni d'émission de télévision.

Les premiers temps, j'ai été en mesure de bien nourrir les gens au camp. J'ai acheté du poisson et de la viande de chèvre avec l'argent que David et Mariama m'avaient donné, ainsi qu'un sac de riz si gros qu'il a fallu deux personnes, Abdul et Fatmata, pour le porter sur leur tête. Nous avons également pris des légumes, des avocats, des ananas, des noix de coco et des plantains, même si les denrées étaient rares au marché. Fatmata m'a expliqué que de nombreuses récoltes avaient été détruites pendant la guerre et que les fermiers commençaient tout juste à reprendre leur travail. À Freetown, même si on avait les moyens d'acheter de la nourriture, cela ne signifiait pas qu'on pouvait échapper à la famine.

Peu de temps après mon retour, je suis allée voir Victor. Il m'a confié, l'air soucieux, que plusieurs membres de la troupe de théâtre avaient déménagé.

— Ils sont très loin de leur village. Certains sont allés tout seuls, sans famille ni amis. Ce n'est pas bien.

Il a poursuivi en me disant que la troupe perdait de l'argent. À présent que la guerre était terminée, les groupes d'aide se montraient moins généreux.

— Je fais ce que je peux, a-t-il conclu.

Le théâtre faisait beaucoup de bien tant aux victimes qu'aux enfants soldats en les aidant à cicatriser leurs blessures émotionnelles. Victor était en train de rédiger un rapport sur le sujet.

Dix membres de la troupe résidaient encore au camp. La fin de semaine, nous nous réunissions au centre, comme par le passé, pour jouer quelques sketches, danser et chanter. Mais, la plupart du temps, nous préférions parler.

— C'était comment, en Angleterre ? m'a demandé un jour mon amie Memunatu.

— Très froid. Cela ne t'aurait pas plu.

Même si je n'avais pas cru Yabom quand elle m'avait dit que les gens seraient jaloux et qu'ils essaieraient de me nuire, je parlais peu de l'Angleterre et du Canada avec mes amis et ma famille. Peu après mon retour, j'avais pris conscience de la chance incroyable que j'avais de pouvoir m'en aller. Je ne voulais pas aviver l'amertume des autres face à leur situation.

— Allons donc ! Il y avait sûrement autre chose ! a protesté Memunatu. Où sont tes nouvelles mains ? Je ne t'ai pas vue les porter.

Je n'ai pas su quoi répondre. Au camp, il y avait un groupe caritatif qui offrait aux amputés des appareils métalliques comme celui que j'avais eu en Angleterre, ainsi que des mains, des pieds et des jambes de plastique. Les gens utilisaient leurs prothèses pour manger, boire, cuisiner et se laver. Moi, j'étais plus à l'aise sans elles, quand je me servais des parties du corps qu'il me restait. Je crois que je m'étais sentie si différente des autres quand j'avais eu Abdul que je n'aspirais désormais plus qu'à me confondre avec la majorité. Lorsque je cachais mes bras et que je me promenais à Londres chaussée de mes grandes bottes noires, j'avais l'impression d'être élégante, de faire partie de la ville.

Un après-midi, Comfort est entrée dans la tente, s'est perchée sur une pierre et nous a annoncé que ce serait elle, et non Yabom, qui organiserait mon voyage au Canada.

— Et j'irai avec toi, a-t-elle ajouté avec un sourire.

J'ai essayé de cacher ma consternation. J'en étais venue à aimer Yabom comme si elle était ma propre mère.

Bill m'envoyait environ cinquante dollars par mois. Avec cette somme et l'argent qu'il me restait de mon séjour à Londres, je n'avais plus besoin de mendier.

Comfort a mis quelques mois à tout régler pour l'obtention de mon visa canadien. Yabom avait eu raison : il n'y avait pas de consulat canadien ni d'agence gouvernementale à Freetown. J'ai donc dû me rendre en Guinée, un pays voisin, pour présenter ma demande. Comfort a fait le petit voyage en avion avec moi. Mais, contrairement à Yabom, elle ne m'a pas laissée agripper son bras quand nous avons pris notre envol.

— Tu as tellement voyagé en avion que tu dois y être habituée à présent, m'a-t-elle dit en riant.

Elle a soulevé mon bras et l'a remis sur mes genoux.

Peu de temps après notre retour, elle m'a informée que nous partirions pour le Canada quelques jours plus tard.

— Mais je veux aller voir mon père et ma mère, ai-je protesté. J'ai besoin de plus de temps. Pourquoi ne me l'as-tu pas dit avant ?

— Je n'ai reçu les billets d'avion qu'aujourd'hui. Moi non plus, je ne le savais pas. Alors, fais tes bagages et tiens-toi prête.

Ma mère et ma grand-mère habitaient trop loin, je ne pouvais leur rendre visite. J'aurais tant voulu serrer encore une fois ma grand-mère dans mes bras ! Elle était âgée, et je craignais qu'elle meure avant mon retour en Sierra Leone. J'ai, toutefois, décidé d'aller voir Marie, Alie et Adamsay dans leur nouveau village. Je n'ai pas parlé de mon projet à Comfort, car elle aurait sans doute été contre. J'ai chargé un jeune homme du camp nommé Alusine de lui porter un message, puis j'ai hélé le *poda-poda* qui allait à Masaika, le gros village le plus proche.

Le trajet n'aurait pas dû prendre plus d'une heure, mais la route n'avait pas été entretenue pendant les onze années de guerre civile. Les nids-de-poule étaient si profonds que le minibus était souvent obligé de faire des embardées et de rouler dans l'herbe à éléphant pour éviter de s'enliser. J'avais quitté le camp au milieu de l'avant-midi, mais c'était déjà la fin du jour quand je suis arrivée à destination.

Situé directement au bord de la route, le nouveau village de Marie, d'Alie et d'Adamsay était constitué de dix huttes d'argile neuves avec un toit de tôle. L'endroit n'avait pas encore de nom, et mes proches connaissaient peu leurs voisins.

— J'ai reconnu quelques personnes du camp, m'a dit Marie. Mais nous nous connaissons très peu. Notre famille est maintenant complètement dispersée. Nous vivons au milieu d'étrangers. Ce n'est pas normal que je doive demander son nom à la personne qui moud du manioc à côté de moi.

Marie, Alie et les autres avaient labouré et semé un nouveau champ. Comme ils ne récolteraient rien avant la prochaine année, ils achetaient leurs denrées avec l'argent que Bill m'avait envoyé pendant que j'étais en Angleterre. Il y avait un lac à proximité où Alie allait pêcher.

J'avais prévu passer la nuit avec ma tante, mon oncle et Adamsay. Mais, pendant que quelques garçons allumaient un feu et que les filles enfilaient leurs jupes d'herbe pour danser, Alusine, le jeune homme du camp, est apparu.

— Tu dois revenir tout de suite, m'a-t-il dit, hors d'haleine.

Je me suis levée d'un bond, stupéfaite. Même à la faible lueur du feu, je voyais qu'il était couvert de terre rouge de la tête aux pieds.

— Comment es-tu arrivé jusqu'ici? lui ai-je demandé.

— J'ai pris un *poda-poda*, mais il s'est arrêté à Masaika pour faire le plein, m'a-t-il répondu, haletant. L'essence est si rare qu'on a dit au chauffeur qu'il devrait peut-être attendre une heure ou deux avant d'en avoir. Alors, j'ai couru.

Adamsay regardait mélancoliquement le feu. La présence d'Alusine nous indiquait à toutes deux que ma visite allait prendre fin.

— Comfort dit que tu dois rentrer à Freetown maintenant, a repris Alusine. Elle m'a donné de l'argent pour te ramener. Tu as des documents à remplir demain matin, sinon tu vas rater ton avion.

— L'avion part dans deux jours.

— Comfort veut que tu reviennes. Tout de suite.

Je me suis assise en face d'Adamsay et j'ai appuyé mon front contre le sien.

— Je t'aime, ai-je chuchoté. Je t'aimerai toujours. Et ce sera bientôt ton tour.

CHAPITRE 17

J'ai regardé par le hublot quand l'avion est descendu vers l'aéroport international Pearson, à Toronto.

— Je ne vois que du blanc! me suis-je écriée. Sommes-nous morts?

— Non, a répondu Comfort en riant. Nous sommes en train de traverser les nuages.

Le voyage avait duré environ dix-neuf heures. Mon plus beau costume, un boubou rouge, jaune et vert, était à présent tout froissé. Je me sentais sale, même si je m'étais lavé le visage et brossé les dents trois fois depuis notre départ de Londres.

L'avion a incliné une aile.

— Oh! ai-je hurlé en agrippant le bras de Comfort et en enfouissant ma tête dans son cou.

Elle ne m'a pas repoussée, cette fois.

— Ce n'est que de la turbulence. Regarde maintenant, a-t-elle ajouté en faisant un geste vers le hublot.

J'ai poussé un cri étranglé en voyant l'immense ville au-dessous de moi. J'ai distingué un grand espace vert suivi de maisons brunes en ciment, puis encore du vert. «Je vais préférer le Canada à l'Angleterre, ai-je pensé. Je vois déjà de la couleur.»

À l'intérieur de l'aérogare, une agente des douanes a feuilleté mon passeport et examiné mon visa.

— Bienvenue au Canada, a-t-elle dit avec un sourire.

Quand nous sommes sorties de la zone des arrivées, je me suis préparée mentalement à accueillir les premières images, les premières odeurs de ce nouveau pays. Au lieu de cela, j'ai entendu des voix qui prononçaient mon nom, j'ai été éblouie par les flashes d'appareils photo, et j'ai vu des gens tendre les bras pour me toucher. Je me suis tournée vers Comfort.

— Qu'est-ce qui se passe?

— Ce sont des journalistes.

— Mais qu'est-ce qu'ils attendent de moi?

— Ils doivent trouver ton histoire fascinante, j'imagine.

Je me suis recroquevillée derrière Comfort, qui souriait aux journalistes. Mais ce n'était pas son visage qu'ils voulaient, c'était le mien. Les flashes ont cessé.

— Viens, Mariatu, m'a-t-elle chuchoté. Nous allons trouver Bill et mettre fin à tout ça.

Deux hommes en uniforme se sont dirigés vers moi et m'ont saluée en anglais. Au début, j'ai eu peur. Habituellement, les policiers de Freetown sont brutaux, et ces deux hommes à l'expression grave et à la démarche raide ressemblaient à des policiers. Quand ils nous ont demandé de les suivre, j'ai pensé que j'allais avoir des ennuis. Ils savaient peut-être que je n'avais rien à faire au Canada. Après tout, je n'étais qu'une pauvre villageoise de Sierra Leone, une mendiante.

Mais ils avaient l'air sympathiques. Nous encadrant pour nous protéger des journalistes, ils nous ont conduites à l'extrémité de la salle d'attente vers un grand homme aux cheveux blonds. Une femme blonde et un garçon d'à peu près mon âge se tenaient à côté de lui.

— Bonjour, a dit l'homme en serrant la main de Comfort. Je suis Bill.

Shelley, la femme de Bill, et leur fils, Richard, m'ont serrée dans leurs bras. Bill a glissé une chaînette en or autour de mon cou. Pendant que

Shelley et lui parlaient aux journalistes, j'ai passé mon bras droit sur la chaîne lisse. Personne ne m'avait jamais offert de bijou. Quelques minutes plus tard, nous avons tous posé pour un photographe. Suivant l'exemple de Comfort, j'ai esquissé un sourire.

C'est la chaleur qui m'a frappée quand nous sommes sortis. Il faisait chaud à Toronto, comme en Sierra Leone. Chaud et humide, exactement comme chez nous. L'air avait une odeur fraîche, comme s'il venait de pleuvoir.

Je me suis installée avec Comfort sur le siège arrière de la fourgonnette de Bill. Je n'avais jamais entendu parler d'une personne possédant son propre *poda-poda* mais, ici, les gens en conduisaient.

— Où est la neige? ai-je demandé à Comfort.

Elle a éclaté de rire et m'a expliqué que je la verrais dans quelques mois, quand ce serait l'hiver.

— Ne t'inquiète pas, Mariatu. Il fera très froid.

Je n'étais pas sûre que Comfort sache grand-chose du Canada. Avant ce jour, elle n'était sortie qu'une seule fois de Sierra Leone, quand elle m'avait accompagnée en Guinée pour obtenir mon visa. Mais je ne l'ai pas contredite. Je devais me fier à elle, car je ne parlais pas très bien l'anglais et ne pouvais poser directement la question à Bill.

Comfort a baissé la vitre de mon côté, et j'ai contemplé l'herbe verte dans les champs et les drôles d'arbres vert foncé, dont les feuilles ressemblaient à des aiguilles.

— Je ne vois pas d'ordures, ai-je dit à Comfort.

À Freetown, les camions de ramassage d'ordures avaient cessé de fonctionner pendant la guerre, et les rues étaient jonchées de détritus de toutes sortes — paquets de cigarettes vides et bouteilles de plastique brisées.

— Ici, on jette tout dans des sacs de plastique, m'a-t-elle répondu en krio. En Amérique du Nord, les gens achètent ce dont ils ont envie et, quand ils n'en veulent plus, les camions de ramassage l'emportent.

Cela m'a fait peur. « Et si je ne correspondais pas à ce que cette famille canadienne attendait de moi ? me suis-je demandé. Me jetterait-elle aux ordures ? »

La rue où Bill et sa famille habitaient était si tranquille que, le soir, j'entendais striduler les criquets, comme à Magborou. Comme en Angleterre, j'avais ma propre chambre, avec un lit à une place et une couette en patchwork. Comfort m'a expliqué qu'il s'agissait d'un couvre-lit dont j'aurais besoin quand les nuits seraient froides. Une grande fenêtre encadrée de rideaux blancs à volants donnait sur une forêt.

Le soleil semblait toujours briller au Canada, et nous avons fait de longues randonnées dans les collines. Shelley nous préparait des repas de style occidental : sandwichs au fromage grillé, pizzas, spaghettis et salades.

Au bout de quelques jours, Bill m'a annoncé que j'étais invitée à une fête. En chemin, Shelley et lui m'ont amenée chez une femme qui m'a tressé les cheveux. Elle avait la peau noire, mais elle ne parlait pas themné. Je ne comprenais pas grand-chose de ce qu'elle me racontait, mais j'aimais les billes de céramique colorées dont elle ornait mes cheveux.

Nous sommes ensuite partis vers un autre quartier de la ville. Bill a garé la voiture devant une maison à deux étages, et une femme de Sierra Leone, au sourire épanoui, nous a ouvert la porte.

— Sois la bienvenue, m'a-t-elle saluée en themné, les yeux brillants.

Un homme plus âgé aux cheveux courts se tenait derrière elle. L'air joyeux, il a ouvert les bras et nous a invités à entrer.

Aussitôt à l'intérieur, j'ai souri. J'avais l'impression d'être rentrée chez moi. La maison de Kadi et d'Abou Nabe débordait de souvenirs de Sierra Leone : bois gravé et peintures, photographies de gens avec des coiffures et des costumes traditionnels africains. Je les ai suivis à la cuisine, où des mets de mon pays mijotaient ; j'en ai reconnu avec bonheur les arômes épicés. J'entendais des enfants rire dans la cour.

Cet après-midi-là, j'ai vécu quelques-uns des moments les plus heureux de ma vie. J'ai joué au soccer avec des neveux et des nièces de mes hôtes. J'ai rencontré des filles de mon âge qui venaient d'une ville appelée Makeni, pas très loin de là où j'avais grandi. Ensemble, nous avons parlé de la Sierra Leone et de Magborou.

L'une d'elles m'a dit que Kadi et Abou étaient arrivés au Canada avant la guerre. Quand les combats avaient commencé, ils avaient fait venir plusieurs membres de leur famille à Toronto pour qu'ils échappent à la violence. Elle a ajouté que, en Amérique du Nord, une fête organisée dans une cour en été s'appelle habituellement « barbecue ». Les gens font cuire des saucisses, des hamburgers et des steaks dehors, sur des grils à charbon ou à gaz.

— C'est toujours comme ça qu'on cuisine en Sierra Leone, a-t-elle conclu en riant. Chaque jour est un barbecue !

— Ne t'inquiète pas, est intervenue Kadi en s'asseyant devant moi. Nous avons du poulet et des hot-dogs pour ceux qui veulent manger à l'occidentale, et des plats de Sierra Leone pour toi ! Je parie que le pays te manque.

Il était presque minuit quand nous sommes partis. Kadi et Abou m'ont serrée dans leurs bras et m'ont invitée à revenir bientôt.

Cette nuit-là, je me suis endormie la tête pleine de pensées heureuses. J'avais beaucoup aimé le temps passé avec Kadi, Abou et leur famille, et les mets sierra-léonais qu'ils avaient préparés pour moi. Des images de mon pays se sont bientôt bousculées dans ma tête.

J'avais l'impression de m'être tout juste endormie quand j'ai senti une main sur mon épaule. C'était Bill. Il avait allumé la lumière de ma chambre et était assis au bord de mon lit. Il a posé un doigt sur ses lèvres.

— Chut !

D'un geste, il a indiqué mes vêtements et un petit sac à dos.

— Je te ramène chez Kadi et Abou, m'a-t-il dit en souriant.

Je parlais peu l'anglais, mais j'ai compris. Dehors, il faisait encore nuit, mais peu importait. Bill est sorti pendant que je m'habillais. Il a mis un berlingot de jus de fruits et une banane dans mes bras, puis nous sommes montés dans sa voiture.

Quand nous sommes arrivés chez Abou et Kadi, environ une heure plus tard, Kadi nous attendait dans l'allée. Bill désirait que je passe la journée chez elle, m'a-t-elle expliqué en themné.

— Tu es plus que bienvenue, m'a-t-elle assuré. Tu reverras des filles que tu as connues hier à la fête.

Bill a pris mon sac à dos sur le siège arrière et l'a tendu à Kadi. Il m'a dit au revoir en me serrant dans ses bras, puis il est remonté dans sa voiture. En le regardant s'éloigner, j'ai eu l'étrange impression que je ne le reverrais jamais.

CHAPITRE 18

Kadi marchait de long en large dans la cuisine.

— Vérifie pour voir s'il y a un message dans la boîte vocale, a-t-elle demandé à Abou.

Il a soulevé l'écouteur.

— Rien, a-t-il répondu laconiquement.

J'étais assise sur une chaise, le dos au mur ; mon cœur battait la chamade. L'heure du souper était passée depuis longtemps, et Bill aurait dû venir me chercher. Il avait appelé une fois pour dire qu'il serait légèrement en retard. Depuis, nous n'avions aucune nouvelle de lui.

J'ai regardé Ameenatu, la fille de Kadi, flatter son gros ventre. Elle allait accoucher d'un jour à l'autre. Elle était assise sur le canapé dans la pièce à côté, où se trouvait la télévision. Les pieds sur un pouf, elle s'éventait avec un magazine.

— Il est peut-être pris dans un embouteillage, a-t-elle suggéré.

— Mais l'heure de pointe est passée, a répondu Kadi en se grattant le front. Où peut-il bien être ? Vérifie pour voir s'il y a un message dans la boîte vocale, a-t-elle redemandé à Abou.

Une autre heure s'est écoulée, puis le téléphone a enfin sonné.

— Allô ! Allô ! a dit Kadi, d'abord en krio, puis en anglais.

Son expression est devenue grave pendant qu'elle écoutait. Elle n'a dit que quelques mots.

— Oui. Très bien. Oui.

Elle a raccroché lentement. Elle s'est alors agenouillée devant moi et a caressé mes jambes.

— Mariatu, Bill veut que tu restes encore un peu de temps avec nous.

— Il ne m'aime pas, ai-je soupiré en pensant qu'au début j'avais craint de ne pas lui plaire.

— Non, Mariatu, m'a-t-elle rassurée.

Elle m'a alors raconté toute l'histoire. Bill lui avait téléphoné très tôt ce matin-là et l'avait informée que, pour une raison quelconque, Comfort était déterminée à me ramener en Sierra Leone. C'était pour ça qu'il m'avait réveillée avant l'aube et qu'il m'avait amenée chez elle.

— Bill veut que tu restes au Canada et que tu ailles à l'école. Il espérait convaincre Comfort s'il pouvait disposer de quelques heures pour lui parler seul à seule.

— Il n'a pas réussi?

— Pas encore. Nous avons de la place et, cette nuit, tu pourras dormir au sous-sol avec les autres filles.

Je me suis sentie sourire en entendant cela. Suad, Haja et Fanta étaient les filles que j'avais connues au barbecue. Nous avions regardé des clips musicaux pendant la journée et préparé ensemble un plat de riz traditionnel pour le souper.

— D'ailleurs, a poursuivi Kadi, en ce moment, tu as besoin d'une ambiance familiale et de nourriture de chez nous pour t'aider à t'habituer à ce pays étranger.

Une semaine a passé ainsi, puis deux, trois, quatre autres. Bill a téléphoné quelques fois pour prendre de mes nouvelles, mais il n'a jamais proposé que je retourne chez lui. Au cours d'une de leurs conversations, il a dit à Kadi que Comfort était retournée en Sierra Leone. J'ignore si elle a tenté de me retrouver avant de s'en aller. Cette partie de l'histoire est confuse, même pour moi.

Suad, Haja et Fanta n'avaient que quelques années de plus que moi. Elles avaient toutes trois des liens de parenté avec Abou et Kadi, mais je ne savais pas exactement lesquels. Je les appelais tout simplement les « nièces ».

La guerre qui sévissait en Sierra Leone les avait obligées à déménager à Freetown. Elles avaient toutes été en contact d'une façon ou d'une autre avec les rebelles, mais aucune d'elles n'avait été agressée. Une autre chose nous distinguait, elles et moi : elles avaient fréquenté l'école en Sierra Leone et elles poursuivraient leurs études ici à l'automne. Tout le monde m'encourageait à suivre leur exemple.

— C'est amusant, l'école, a fait remarquer Suad sur un ton jovial.

Je leur ai demandé de me décrire comment c'était en Sierra Leone.

— Tous les enfants du même âge se réunissent chaque matin à l'école, m'a expliqué Fanta.

— Je portais un uniforme vert cousu par maman, a dit Suad. Notre professeur nous enseignait à lire et à parler en anglais, et nous disait quelle eau on pouvait boire sans danger.

Contrairement au Canada, où l'éducation est gratuite, les familles de Sierra Leone doivent payer pour inscrire leurs enfants à l'école et acheter leurs uniformes. Presque tous les cours sont donnés en anglais, m'a expliqué Haja, même si le krio, le themné et le mendé sont les langues parlées au pays. Haja a précisé que l'anglais était la langue universelle.

— En Sierra Leone, les gens ont besoin de savoir communiquer pour faire des affaires. Tu ne veux pas trouver un emploi, un jour ?

Bien sûr que si ! Je me demandais juste quel talent j'avais, si j'en avais un.

Un soir, j'ai confié à Abou, qui travaillait pour le gouvernement canadien, que ma famille comptait sur moi pour vivre.

— Il faut que j'étudie et que je trouve tout de suite du travail.

— Oh! pas si vite, Mariatu, a-t-il répondu en me faisant un clin d'œil. Moi aussi, je soutiens toute ma famille là-bas. En Sierra Leone, c'est ce à quoi tous s'attendent quand l'un des leurs s'installe en Occident. Mais tes études vont durer des années; je te conseille de faire les choses comme il faut: termine ton cours secondaire, puis va au collège ou à l'université. Si tu commences à travailler trop vite, tu ne trouveras pas d'emploi très payant. Tu ne gagneras un bon salaire que si tu as fait des études.

— Et vous, comment avez-vous obtenu votre poste?

— J'ai étudié les sciences politiques et l'économie à l'université, ici, au Canada.

— Croyez-vous que je pourrai un jour faire ça, moi aussi?

— Quand on le veut, on peut tout faire, Mariatu, m'a-t-il répondu en enlevant ses lunettes et en me regardant dans les yeux. En Amérique du Nord, trop de jeunes n'accordent pas d'importance à l'éducation, parce qu'elle leur est donnée, elle va de soi. Mais, quand on vient d'un pays pauvre, on sait ce que l'instruction signifie. On sait qu'elle peut nous ouvrir des portes. Tu n'as peut-être plus de mains, mais tu as une tête. Et moi, je crois que tu es très intelligente. Développe tes dons au maximum et tu feras ton chemin dans la vie.

Malgré les paroles d'encouragement d'Abou, quand Suad, Fanta et Haja ont commencé à se lever de bon matin pour aller à l'école, je me suis contentée de me retourner et de me rendormir. L'automne a passé, et une grande tristesse a envahi mon cœur à l'approche de l'hiver. J'ai passé de nombreuses journées à la fenêtre du salon, à regarder les feuilles devenir jaunes, puis rouges, avant de tomber sur le sol. La neige est venue, et elle ne ressemblait à rien de ce que j'avais imaginé. Les flocons n'étaient pas lourds comme des grains de sel, mais légers comme des plumes qui scintillaient dans la lumière du soleil. Parfois, je suivais des yeux le trajet de l'un d'eux en particulier. J'imaginais que j'étais ce flocon au milieu de tous les autres dans le ciel immense, et j'essayais de deviner où j'allais atterrir.

L'école me faisait peur. Comme elles avaient déjà étudié, Haja, Suad et Fanta avaient été placées dans une classe supérieure. Moi, je me retrouverais toute seule au milieu d'inconnus. Je rêvais de pouvoir lire des livres et écrire, mais je me demandais comment cela serait possible sans mes mains. Sans personne près de moi pour m'aider, je craignais de me ridiculiser.

Le soir, j'écoutais les nièces raconter leur journée et se plaindre de la quantité de devoirs qu'elles devaient faire. Je secouais la tête quand elles me demandaient si je voulais fréquenter l'école, moi aussi.

— Pas tout de suite, répondais-je. Mais bientôt, c'est promis.

Je me sentais bien chez Kadi et Abou, dont la maison était toujours pleine de Sierra-Léonais parlant themné. Certains, comme les nièces, restaient longtemps. D'autres ne passaient que quelques jours ou quelques semaines, jusqu'à ce qu'ils trouvent un appartement. Au repas du soir, nous mangions des mets de notre pays ensemble, puis Abou et Kadi partaient à la recherche d'un appartement ou allaient remplir les formulaires d'immigration d'un nouvel arrivant. Quand les nièces avaient terminé leurs devoirs, nous nous blottissions sur les sofas confortables pour écouter des clips musicaux. Nous voyions parfois des danseuses de hip-hop. Cette danse me plaisait. Toutes les danseuses étaient noires. Leur musique avait un rythme sur lequel je pouvais bouger.

Je pensais souvent à la Sierra Leone. Les blagues de Mohamed me manquaient. J'aurais aimé que ce soit Marie plutôt que Kadi qui prépare les repas. La nuit, j'aurais voulu sentir le corps chaud d'Adamsay pelotonné contre le mien. Je savais que je devais persévérer, sinon pour moi-même, du moins pour Adamsay, qui était toujours en Sierra Leone. Mais elle semblait si loin ! Je me demandais si elle ne serait pas plus heureuse de me voir revenir et rester avec elle.

Un samedi matin, j'ai été réveillée brusquement par cinq filles qui sautaient sur moi.

— Debout! Debout, paresseuse!

Haja, Suad et Fanta étaient en compagnie de deux parentes, Umu et Kadiatu, qui arrivaient tout juste de Sierra Leone.

D'habitude, les filles étaient tranquilles le matin; elles se douchaient dans la salle de bains, au sous-sol, puis montaient déjeuner avant de prendre l'autobus pour se rendre à l'école. Mais c'était la fin de semaine. Elles étaient toutes autour de moi, me donnant de petits coups, jouant avec mes cheveux, me chatouillant le cou et la poitrine.

— Lève-toi, fainéante! m'a crié Umu à l'oreille.

— Pas tout de suite, ai-je maugréé.

J'ai mis un oreiller sur ma tête, mais Suad l'a arraché et a commencé à s'en servir pour donner des coups à Haja.

— C'est l'heure de se lever! chantait Fanta sur un rythme de hip-hop.

Elles ont entonné ensuite une chanson en themné, une chanson de mon enfance.

— Je suis née vierge et je le suis toujours, a chanté Umu.

— Si tu le dis, prouve-le, ont répondu les autres en chœur.

On ne chante pas ce genre de chanson en Occident mais, dans nos villages, c'est un classique. Elles ont ensuite entonné à l'unisson une autre pièce traditionnelle de Sierra Leone, en frappant dans leurs mains et en tapant leurs genoux:

— Mon bateau est quelque part à Makeni. Oh, j'aimerais tant être dans mon bateau!

Je n'ai pu m'empêcher de sourire en voyant leur mine enjouée et leurs yeux pétillants aux premières heures du matin.

— Il n'est pas tôt, a dit Umu en riant. Tu dors tout le temps, alors tu ne sais même plus quelle heure il est.

Toutes ensemble, elles se sont mises à me pousser et à me tirer pour me forcer à me lever.

— Va te brosser les dents et prépare-toi, m'a ordonné Fanta. Nous allons tresser tes cheveux; ensuite, nous irons à la bibliothèque.

Quelques heures plus tard, j'étais coincée entre Suad et Haja sur la banquette arrière de la voiture de Kadi, une minifourgonnette bleue. Comme je ne savais pas vraiment ce qu'était une bibliothèque, je leur ai posé la question.

— Quand tu iras enfin à l'école, tu devras te servir de la bibliothèque, m'a répondu Umu en agitant un doigt sous mon nez. La bibliothèque, c'est l'endroit où on emprunte des livres pour étudier et apprendre.

— Ne remettez pas vos livres en retard, a dit Kadi par-dessus son épaule. La dernière fois que tu en as emprunté un, Haja, tu l'as rendu avec un mois de retard, et j'ai dû payer une grosse amende. J'ai tellement hâte que vous commenciez à travailler! a-t-elle ajouté en faisant claquer sa langue. Je prévois prendre ma retraite avec ce que vous me devez.

— Bien sûr, tante Kadi, a répondu Fanta, assise sur le siège avant. Nous t'aimons! a-t-elle poursuivi en chantant.

Haja s'est mise à jouer avec mes cheveux bien tressés et attachés avec des barrettes de couleur noisette.

— Tu es vraiment très jolie, tu sais, Mariatu.

— Quand on arrive à te voir, l'a interrompue Suad en plaisantant. Tu es presque tout le temps enfouie sous tes couvertures. Tu ne nous aimes pas?

— Mais si, je vous aime, ai-je répondu en souriant.

Personne ne m'avait déjà dit que j'étais jolie. Je n'avais jamais pensé à moi-même en ces termes. Fanta s'est retournée vers moi et m'a adressé un grand sourire.

— Parfait, a-t-elle dit. Parce que nous voulons toutes que tu ailles à l'école lundi.

— Je t'ai inscrite à un cours d'anglais langue seconde, a continué Kadi sur un ton sérieux. Quand tu auras ton diplôme, tu iras à l'école secondaire avec les autres en septembre.

— Mais, tante Kadi... ai-je commencé.

— Non ! Il est temps de te remuer, ma fille !

Je voyais ses yeux brun foncé dans le rétroviseur. Son visage était grave, son expression, intransigeante.

Je savais à présent que Kadi était comme une mère pour tous les Sierra-Léonais de Toronto. Nombreux étaient ceux qui affirmaient que sa famille et elle leur avaient sauvé la vie.

— Si Kadi t'ordonne de faire quelque chose, tu as intérêt à obéir, sinon elle va te renvoyer en Sierra Leone, a murmuré Haja. Elle va te laisser à l'arrêt d'autobus en te disant : « Va-t'en. Trouve toute seule le chemin de l'aéroport. » Personne n'a envie de ça.

J'ai frémi à cette perspective. Nous étions en février, il faisait froid et gris, et il neigeait.

Pendant que nous marchions du stationnement à la bibliothèque, j'ai caché mon visage dans le col de mon anorak violet, un des vêtements recueillis par l'imam de la mosquée locale pour les réfugiés de Sierra Leone. Nous sommes entrées, et Kadi m'a prise par le bras pour me conduire à la section réservée aux enfants. C'était une salle ensoleillée aux murs décorés de personnages de contes, comme Mickey Mouse, la Belle au bois dormant, Cendrillon et une tortue appelée Benjamin, m'a dit Kadi.

Elle a pris des livres qui se trouvaient sur des étagères et les a empilés dans mes bras.

— La meilleure façon d'apprendre une nouvelle langue, c'est de commencer par le début. Lis ce que lisent les enfants.

Je devais avoir une quinzaine d'ouvrages dans les bras quand elle a décrété :

— Cela suffit pour l'instant.

Nous nous sommes assises à une petite table, sur des chaises d'enfant.

— Bien, a-t-elle dit en en prenant un. Celui-ci te plaira. Il s'intitule *Petite sœur dit non !* Peux-tu lire quelques mots ? a-t-elle continué en l'ouvrant.

J'ai secoué la tête.

— Mariatu, m'a-t-elle grondée, l'air sévère. Tu peux faire mieux que ça !

Je me suis concentrée sur la page.

— C'est un *S* et un *T*.

— Très bien.

Elle a tourné les pages en m'expliquant que c'était l'histoire d'un drôle de bonhomme en forme de porc-épic qui n'avait jamais la permission de sa petite sœur de faire ce qu'il voulait.

— Comme les filles qui habitent à la maison, a-t-elle plaisanté.

Elle a pris un autre livre.

— Celui-ci raconte l'histoire d'un singe appelé Georges. Et voici celle des Sneetches, du Dr Seuss ! Je la racontais à mes enfants quand ils étaient petits.

Pendant quelques instants, elle est restée perdue dans ses pensées.

— Les Sneetches ne veulent pas s'associer avec leurs semblables, parce que leur race paraît différente. C'est un peu comme ça que fonctionne le monde. Parfois, nous ne voyons rien d'autre que nos différences. Je rêve du jour où cela changera.

Elle a soupiré. Après avoir empilé les livres, elle m'a souri.

— Quand tu pourras lire ces albums à ma petite-fille, tu auras réussi. Allons les enregistrer au comptoir de prêt.

Peu après mon arrivée, Ameenatu avait donné naissance à une fillette, qu'elle avait appelée Kadijah. Si je ne me hâtais pas, ce bébé saurait lire avant moi. Umu avait raison : je devais me remuer.

CHAPITRE 19

Un lundi matin, Kadi m'a conduite à mon premier cours d'anglais langue seconde.

— La plupart des élèves qu'il y aura dans ta classe sont des adultes originaires de pays où l'on ne parle pas anglais, m'a-t-elle expliqué pendant que nous attendions que le feu passe au vert. Ce sont tous de nouveaux venus au Canada, et certains ont beaucoup souffert. Il y a eu des guerres dans de nombreux pays, et bien des gens ont dû se réfugier ici. Tu verras.

Elle avait raison. Mes compagnons de classe étaient de jeunes femmes asiatiques, des grands-mères du Moyen-Orient et des hommes d'Afrique du Sud. Personne ne disait un mot d'anglais. C'était une classe de débutants.

Kadi est restée avec moi les deux premiers jours, assise à mes côtés au fond de la salle. À l'aller et au retour, elle suivait le même itinéraire que les autobus de la ville et m'indiquait les arrêts en chemin.

Le soir du deuxième jour, au milieu du souper, elle m'a annoncé qu'elle devait aller travailler le lendemain. Elle était également fonctionnaire, mais pas dans le même bureau qu'Abou. Elle a mis des billets d'autobus dans mes poches.

— Tu n'auras qu'à suivre les indications que je t'ai données et tout ira bien.

— Mais, Kadi, si je me perds ? ai-je demandé d'une voix étranglée.

— Eh bien, tu te perdras, a-t-elle rétorqué comme si de rien n'était.

Toronto est une grande ville. Elle compte cinq millions d'habitants, à peu près autant que la Sierra Leone au complet. Je me suis imaginé me trompant d'autobus et me retrouvant à l'autre bout de la ville sans savoir qui appeler, égarée, grelottant de froid.

Sur une feuille de papier, Kadi a écrit le nom de l'autobus que je devais prendre pour me rendre à l'école et celui de la rue où je devais descendre. Sur une autre feuille, elle a noté les indications pour mon retour en me conseillant de montrer ces papiers au chauffeur une fois dans l'autobus.

— Il s'assurera que tu es dans le bon autobus et te dira quand descendre.

J'étais terriblement nerveuse le premier jour où j'ai dû trouver mon chemin toute seule. J'ai enfilé des vêtements appartenant à Haja — un jean moulant et un coton ouaté rose —, puis mon anorak violet. J'ai enfoncé une tuque trop grande sur ma tête et enroulé un foulard de laine autour de mon cou et de mon visage. On ne voyait que mes yeux ! À Londres, j'avais souvent pris des autobus à deux étages, mais toujours avec Yabom. Cette fois, j'allais devoir me débrouiller toute seule.

Plantée à l'arrêt, j'ai regardé trois autobus ralentir puis repartir, avant de rassembler le courage nécessaire pour m'avancer. J'ai indiqué au chauffeur où je devais descendre. Mon bras tremblait quand je lui ai montré la note écrite par Kadi. Il a grommelé « oui » et m'a fait signe de m'asseoir sur le siège derrière lui.

J'avais tellement peur d'aller dans la mauvaise direction que je n'osais regarder par la fenêtre. Mais, après quelque temps, le chauffeur m'a informée que j'étais arrivée. En me levant, j'ai poussé un soupir de soulagement. L'école était là, devant moi.

L'enseignante a simplement souri lorsque, timidement, je suis entrée dans la classe avec une demi-heure de retard. Elle m'a indiqué de m'asseoir en face d'elle.

À partir de là, je l'ai écoutée plus attentivement que je n'avais jamais écouté personne. Les mots anglais tourbillonnaient dans ma tête bien longtemps après le cours. Pendant les pauses, je pivotais sur ma chaise et m'entraînais à parler avec la personne derrière moi. Au début, nous communiquions surtout par gestes, mais nous avons bientôt commencé à nous dire quelques mots en anglais et, après quelques mois, nous pouvions former des phrases.

Le soir, je lisais les albums pour enfant empruntés à la bibliothèque. Au bout de quelque temps, en plus de reconnaître les lettres, j'ai été capable de déchiffrer des mots comme *le, et, fille, garçon, poupée* et *sneetches*. En classe, j'ai appris à les écrire. J'ai éprouvé une grande fierté la première fois que j'ai réussi à écrire mon nom, MARIATU KAMARA, dans un cahier, avec un crayon que je tenais entre mes bras.

J'étais venue au Canada avec un visa de visiteur de six mois. Un samedi après-midi, j'ai informé Abou et Kadi que je voulais continuer à étudier.

— Je retournerai peut-être chez nous quand je saurai parler anglais, ai-je ajouté.

Ils étaient ravis. Ce soir-là, nous avons fait la fête avec toute leur famille.

J'ai demandé le statut de réfugiée ; par la suite, je suis devenue une immigrante reçue pour des motifs humanitaires ; cela signifiait que j'étais victime de la guerre et que je pouvais espérer une meilleure vie au Canada que chez moi, en Sierra Leone. J'étais parrainée par Kadi, Abou et un homme appelé Alimamy Bangura, du Centre d'établissement et d'intégration des immigrants de Sierra Leone de Toronto, que Kadi et Abou avaient aidé au début.

Dix mois après mon arrivée au Canada, j'ai terminé avec succès mon cours d'anglais langue seconde. La cérémonie de remise des diplômes a eu lieu un soir humide de juin dans l'auditorium de l'école. Tous les élèves avaient apporté un plat pour la fête qui suivrait. J'avais préparé du riz avec du poisson et des piments. J'avais tellement hâte de goûter aux plats de riz du Moyen-Orient et au poulet à la cajun des Antilles !

Avant le repas, chaque élève devait prononcer un petit discours en anglais sur le sujet de son choix. Quand mon tour est venu, j'ai cherché des yeux Kadi, Abou et les nièces dans la salle.

— Merci de m'avoir offert un foyer et de m'avoir acceptée comme l'une des vôtres, ai-je dit. Vous êtes ma famille, et je vous aimerai toujours pour la joie que vous apportez dans ma vie. Sans vous, je ne serais pas ici, sur cette estrade, en train de recevoir mon diplôme d'anglais langue seconde.

J'ai également remercié mon enseignante et tous les amis que je m'étais faits dans la classe.

— Le Canada est un endroit où il fait bon vivre, ai-je conclu. Il a répondu à mes attentes, et plus encore.

CHAPITRE 20

En septembre, j'ai commencé l'école secondaire. Cette fois, je n'étais pas seule. Kadiatu, Umu et Mariama, la sœur d'Umu qui venait d'arriver de Sierra Leone, m'ont accompagnée le premier jour. Nous avons découvert que Kadiatu était dans trois de mes cours : l'anglais, les sciences et les maths.

J'ai tout de suite aimé l'école secondaire. Les longs corridors étroits étaient bordés de casiers, et des élèves de toutes les nationalités — avec des téléphones cellulaires, des baladeurs, des jeans à la mode et des sacs — s'y croisaient. Je me suis sentie à ma place. Kadiatu et moi étions les plus vieilles de notre classe de secondaire 3, mais nous étions toutes les deux si petites que personne n'aurait pu le deviner. Plusieurs élèves parlaient l'anglais comme moi, avec un gros accent étranger.

Vu mon handicap, l'école m'a assigné une tutrice. À chaque cours, elle s'asseyait à côté de moi et prenait des notes, puis elle m'aidait à résoudre les équations, me définissait des mots en anglais et m'expliquait les procédures du cours de biologie. Les sciences et les mathématiques étaient mes matières préférées. J'avais un don pour compter les choses dans ma tête. Comme je l'ai dit à Kadi un soir, cela me venait peut-être des deux années passées à mendier à Freetown. Si Abibatu avait besoin de quatre piments pour le repas du soir, je savais que je devais gagner au moins cinq cents leones pour les acheter. Je n'aime pas la vue du sang, mais je pouvais disséquer une grenouille sans broncher ou regarder des images du corps humain pendant le cours de biologie, probablement à cause de tout ce que j'avais vu dans les hôpitaux de mon pays.

Ma tutrice m'a patiemment appris à écrire en lettres cursives, avec un crayon ou un stylo que je tenais entre mes bras. Comme lorsque j'avais appris les caractères d'imprimerie, la première chose que j'ai réussi à écrire en lettres cursives a été mon propre nom: *Mariatu Kamara*.

Les enseignants me laissaient plus de temps qu'aux autres élèves pour les contrôles et les examens. Je pense avoir échoué au premier semestre. Alors que les autres recevaient un relevé de notes avec des commentaires écrits, mes professeurs se sont contentés de dire que je progressais.

Mais, en juin, j'ai reçu un relevé de notes: j'avais C dans toutes les matières.

— Ceci est un ordinateur, a dit l'animatrice du centre de ressources, une femme d'âge mûr avec des lunettes et des cheveux noirs coupés court.

Nous étions assises à son bureau encombré, jonché de papiers et de pièces d'ordinateur. Elle en avait repoussé une partie pour faire place à un ordinateur portable noir que les Amputés de guerre du Canada avaient acheté pour moi.

C'était l'hiver 2004. J'habitais toujours chez Abou et Kadi, mais les quatre autres jeunes filles et moi avions déménagé dans la chambre d'Ameenatu, à l'étage, afin que sa famille et elle puissent occuper le sous-sol. Tout en nous disputant la salle de bains chaque matin, nous partagions nos vêtements, nos bottes, nos manteaux et nos sacs à main. Je savais ce qu'était un ordinateur, car les nièces utilisaient un vieux PC pour faire leurs devoirs au salon. Plusieurs élèves apportaient également leurs portables en classe. Le règlement interdisait de s'en servir pendant les cours mais, pendant les pauses, les élèves tapaient des textes assis à côté de leurs casiers ou à la bibliothèque de l'école. Je ne pouvais m'empêcher de regarder leurs doigts voleter sur les petites touches. J'aurais voulu avoir des doigts pour faire comme eux.

— Ce portable est conçu pour les personnes handicapées, a continué l'animatrice.

La souris était en forme de grosse balle, et je pouvais la manipuler facilement avec mes bras.

J'ai regardé les icônes de Word et d'Internet apparaître à l'écran. J'ai bougé la souris, et l'animatrice m'a montré comment placer la petite flèche sur le W bleu. Une page blanche est apparue.

Au début, j'ai trouvé difficile d'atteindre les touches. Même si j'avais un grand clavier, ce n'était pas simple de taper une lettre à la fois. Une heure plus tard, quand l'animatrice a déclaré la séance terminée, il n'y avait sur mon écran qu'un fouillis de lettres et de chiffres.

Ce soir-là, pendant que les nièces écoutaient un film au sous-sol, je me suis assise sur mon lit et j'ai joué avec mon nouvel ordinateur. Après plusieurs essais, j'ai finalement réussi à écrire une phrase complète : *Je m'appelle Mariatu Kamara, je vis à Toronto, au Canada, et cela me plaît beaucoup.*

Quand j'ai su me servir de mon portable, l'animatrice m'a enseigné comment me brancher à Internet. Il y avait énormément de choses à explorer, notamment les sites Web parlant de la guerre dans mon pays et des groupes de clavardage grâce auxquels je pouvais communiquer avec des compatriotes installés dans différentes parties du monde. J'ai commencé à envoyer des courriels, d'abord aux nièces, puis à mes amis de l'école.

Un jour, Kadi m'a donné l'adresse courriel de Bill et de Shelley.

— Il y a longtemps que je n'ai pas eu de leurs nouvelles, m'a-t-elle dit, mais tu peux tenter ta chance.

« *Bonjour, Bill et Shelley*, ai-je écrit. *Vous vous souvenez peut-être de moi, Mariatu Kamara. Vous m'avez aidée à venir au Canada.* »

Ils ont mis un mois à me répondre. Mais, quand ils l'ont fait, leur message m'a rendue très triste.

Richard, leur fils, avait perdu la vie dans un accident de voiture.

Ils m'ont aussi expliqué comment ils avaient appris mon existence. Par un dimanche après-midi ensoleillé, pendant qu'ils se promenaient en voiture à la campagne, Shelley avait lu à voix haute un article de journal sur la guerre en Sierra Leone. Cet article parlait de moi. Richard s'était tourné vers Bill et lui avait demandé de faire quelque chose pour m'aider, et même de me faire venir au Canada s'il le pouvait.

Ils m'ont également dit que Comfort ne voulait pas que je reste au Canada. Ils avaient dû se battre contre elle dès le moment de notre arrivée. D'après ce qu'ils m'écrivaient, elle désirait rester ici, elle aussi, et elle avait menacé de me ramener en Sierra Leone si elle n'y parvenait pas. C'était ainsi que je m'étais retrouvée chez Abou et Kadi. Bill et Shelley ne voulaient pas me voir partir, car ils pensaient qu'ici je pouvais jouir d'un nouveau départ, ce qui n'était pas possible à Freetown.

Quand j'ai eu fini de lire le courriel, j'ai refermé mon portable et j'ai pensé à Richard, qui m'avait si gentiment accompagnée en promenade dans les collines, et fait connaître les suisses, les écureuils et même un daim à la queue blanche en forme de pompon. C'était grâce à lui que j'étais au Canada, et maintenant il était mort. Bill et Shelley avaient écrit qu'il était au ciel et qu'il me souriait de là-haut. Il était peut-être avec Abdul et Santigie. Peut-être que, de là-haut, ils me souriaient tous les trois. Je l'espérais.

Puis, j'ai pensé à Comfort. Si Bill et Shelley disaient vrai, alors, elle m'avait menti.

« Eh bien ! quelle que soit la vérité, je suis ici, au Canada, et j'étudie. Bill, Shelley, Richard et Comfort ont tous eu raison », ai-je pensé en m'endormant ce soir-là.

CHAPITRE 21

C'était la fin du printemps 2005, et j'étais assise à la bibliothèque du G. L. Roberts Collegiate and Vocational Institute. Je cachais mes genoux tremblants sous une grande table ronde, craignant de lever les yeux vers les journalistes qui attendaient pour m'interviewer.

Dans quelques minutes, le célèbre groupe rock canadien Sum 41, de même que quelques orchestres moins connus, se produiraient dans l'auditorium au bout du corridor. Ce concert serait donné au profit de... eh bien, de moi ! C'étaient les élèves de mon école qui, avec l'aide des étudiants de l'institut G. L. Roberts, avaient organisé l'événement.

Comme toujours, Kadi était à mes côtés.

— J'ai peur, lui ai-je chuchoté quand la première journaliste s'est approchée.

— Il n'y a pas de raison, a-t-elle murmuré. Tu as déjà parlé des centaines de fois aux médias. Tu es une pro !

C'était vrai que j'avais rencontré des journalistes à plusieurs reprises. Mais, si je me sentais plus nerveuse que d'habitude ce jour-là, c'était parce que, pour la première fois, j'allais répondre toute seule aux questions, en anglais, sans un interprète pour raconter la majeure partie de mon histoire. En esprit, j'avais passé en revue toutes les réponses possibles à donner aux questions que je prévoyais. Aucune de ces réponses ne me semblait juste.

Très souvent, des élèves de mon école m'avaient confié avoir lu un article de journal à mon sujet. Comme je n'en avais moi-même jamais lu, je me contentais de hocher la tête et de les remercier de leur intérêt à mon égard.

Puis, l'un d'eux avait suggéré à notre prof de « questions mondiales » de discuter de ces articles en classe. Elle m'avait demandé mon avis, et j'avais accepté.

Quand elle avait lu le premier à voix haute, j'avais failli fondre sur place.

Quand elle avait lu le deuxième, j'avais eu envie de me sauver en courant.

Quand elle avait eu fini de les lire tous, elle m'avait demandé si je voulais partager quelques-unes de mes expériences de vie avec mes camarades.

Ma gorge s'était serrée.

— Non, avais-je croassé.

Les élèves avaient applaudi. La cloche avait sonné. Le cours était terminé.

Je m'étais ruée hors de la classe même si plusieurs de mes amis attendaient pour me parler et, prise de nausée, j'avais couru vers les toilettes.

Certaines de mes compagnes m'avaient suivie. Elles pensaient que j'étais bouleversée par les terribles souvenirs que ces articles avaient éveillés en moi. L'une d'elles avait pris son cellulaire pour appeler une des nièces.

— Ça va, avais-je réussi à bredouiller. J'ai juste besoin d'être seule pendant quelques instants.

Ce jour-là, j'étais traumatisée parce que, pour la première fois, je venais d'apprendre qu'une grande partie de l'information écrite dans ces articles était fausse. Les journalistes affirmaient notamment que les rebelles m'avaient violée.

Après m'être confiée à Yabom quand nous vivions à Londres, je n'avais plus jamais parlé de la fois où Salieu m'avait agressée. Comme cela arrive souvent, je me croyais à tort responsable de la violence que j'avais subie. Je me disais : « Si seulement j'étais sortie de la maison quand Salieu est venu ! Si seulement j'avais accepté de l'épouser, il ne m'aurait pas touchée avant notre mariage ! » Je ne voulais plus jamais prononcer son nom ni penser à lui. Je l'avais donc chassé de mon esprit.

Ce jour-là, à l'école, je m'étais rendu compte que mon silence avait engendré un énorme mensonge. Et je ne savais plus quoi faire. Une partie de moi voulait corriger l'erreur pendant que j'en avais encore la possibilité. Une autre partie pensait qu'il serait plus facile de garder le statu quo.

J'ai dégluti avec difficulté quand une journaliste du *Toronto Star* s'est assise en face de moi.

— Bonjour, a-t-elle commencé. As-tu hâte que le concert commence ?

— Oui.

— Tu dois être contente de savoir que les mains prothétiques dont tu rêvais deviendront bientôt réalité.

— O...ui, ai-je répondu avec encore plus d'hésitation.

Il y avait une autre raison pour laquelle je répugnais à parler aux journalistes : le concert avait été organisé afin de recueillir des fonds qui me permettraient d'acheter des mains prothétiques, mais je n'étais pas encore sûre d'en vouloir. Les seules personnes au courant de mes réticences étaient Abou et Kadi, et tous deux m'incitaient à donner une deuxième chance aux prothèses.

Abou m'avait expliqué que certaines prothèses sont conçues pour être en harmonie avec les nerfs ; ainsi, si on contractait un muscle pour prendre un stylo comme si on avait des doigts, la prothèse le sentait et prenait l'objet en question. Les mains prothétiques que j'avais reçues en Angleterre ne le faisaient pas.

— Je vous en prie, ne me dites pas qu'elles sont en métal! avais-je gémi.

— Non, m'avait répondu Abou en riant. Elles ressemblent à de vraies mains.

Il m'avait montré une photo des prothèses sur Internet et, en effet, elles avaient l'air vraies. Mais elles coûtaient presque trente mille dollars.

Obtiendrais-je de meilleurs résultats scolaires si je passais mes examens en même temps que les autres en apprenant à me servir de mains prothétiques? avait demandé Kadi à ma tutrice. J'avais encore presque seulement des C, et Kadi pensait que je pouvais faire mieux. Selon la tutrice, cela valait la peine d'essayer. Elle avait donc informé le directeur de l'école du coût de telles prothèses, et il en avait parlé au conseil étudiant. Les élèves avaient alors organisé cet événement.

Je craignais d'être abandonnée si les gens apprenaient la vérité à propos de mon viol ou s'ils savaient que je n'aimais pas les prothèses. Je ne voulais laisser tomber personne. Tout le monde semblait si fier de moi!

Quelques semaines plus tôt, j'avais fini de lire *Roméo et Juliette* dans le cadre de mon cours d'anglais de secondaire 5. J'avais pleuré de joie en refermant le livre. J'étais enfin au même niveau que mes pairs!

À mon cours d'art dramatique, j'avais parlé de la troupe de théâtre au camp, et mes camarades m'avaient demandé de leur décrire ses spectacles. Notre professeur n'aimait pas nous entendre bavarder mais, derrière le rideau, je leur avais parlé de la pièce sur le sida et de mon rôle de villageoise en deuil.

— Ce serait bien, une pièce sur nos vies, avait commenté un garçon.

— Nous pourrions écrire sur l'automutilation, les garçons violents et les régimes, avait renchéri une fille.

— Au lieu de ça, nous sommes obligés de monter ce machin ennuyeux qui n'intéresse que les adultes, avait ajouté un autre.

Tout le monde avait éclaté de rire.

— SILENCE, LÀ-BAS! avait crié le prof.

Les gens semblaient contents de m'intégrer dans leur vie. Mais j'avais peur que cela change d'un instant à l'autre.

Aucun des journalistes présents dans la bibliothèque cet après-midi-là ne m'a posé de questions sur la guerre ou sur Abdul. Sur le coup, je me suis sentie soulagée mais, ensuite, j'aurais voulu être capable de révéler la vérité.

Avant le début du concert, je devais monter sur scène et dire quelques mots. Cela aussi m'angoissait. Je me suis avancée vers le micro. La salle était pleine à craquer.

— Bonsoir, tout le monde. Merci du fond du cœur de ce que vous faites pour moi.

À côté de moi, il y avait quelques membres du groupe Sum 41. Je n'avais pas parlé assez souvent en public pour me risquer à faire une blague. Mais j'avais envie de dire quelque chose de léger, comme : « Écoutez, les filles, il y a de beaux gars ici. Venez donc les rencontrer après le spectacle ! » Dans la première rangée, les filles dévoraient déjà des yeux les garçons de l'orchestre.

Le concert a été fantastique. Comme je n'avais pas envie de danser, je suis restée debout sur un côté de la scène et j'ai regardé. Entre les chansons, quelques membres du groupe ont parlé des conséquences de la guerre sur les enfants et ont demandé aux dirigeants mondiaux de faire plus d'efforts pour mettre fin aux conflits. Avant de venir au Canada, j'ignorais qu'il y avait des guerres partout dans le monde et que, aujourd'hui, les enfants en sont les premières victimes. Dans de nombreux pays, des enfants sont, comme moi, mutilés par des fusils et des couteaux.

Au moment où je quittais la scène, une enseignante s'est approchée de moi.

— Tu devrais écrire un livre, m'a-t-elle dit. Je m'assurerai que tous mes élèves le liront !

Ce soir-là, dans la voiture, j'ai réfléchi à ses paroles. Elle n'était pas la première personne à me suggérer d'écrire l'histoire de ma vie. Je n'avais pas l'impression que beaucoup de gens auraient envie de la lire, même si je pouvais imaginer comment l'écrire. Un livre pourrait, à tout le moins, dissiper les mythes qui s'étaient construits autour de moi, ai-je pensé avant de m'endormir.

C'est par une chaude soirée d'avril 2007 que l'écriture de mon autobiographie est devenue une réalité.

Quelques jours plus tôt, Kadi m'avait annoncé qu'une journaliste qui m'avait interviewée à mon arrivée au Canada souhaitait faire un suivi. Cette journaliste, qui s'appelait Susan, était à présent assise en face de nous et me demandait si j'aimais l'école secondaire.

— As-tu entendu parler d'Ishmael Beah ? m'a-t-elle demandé vers la fin de notre conversation.

— Non.

Elle m'a expliqué qu'Ishmael était un ancien enfant soldat de Sierra Leone et qu'il avait raconté ses expériences dans un livre qui était devenu un best-seller.

— Un best-seller ? me suis-je écriée. Les Occidentaux veulent lire sur la Sierra Leone ?

Susan a hoché la tête. Ishmael devait venir à Toronto la semaine suivante, a-t-elle repris. Les articles nous concernant seraient sur la même page du *Globe and Mail*, un journal national.

Au moment de partir, elle m'a demandé :

— Mariatu, aimerais-tu rencontrer Ishmael ?

J'ai failli m'étrangler en pensant aux enfants soldats qui m'avaient tranché les mains.

— Je ne sais pas, ai-je murmuré. Puis-je y réfléchir ?

J'avais très souvent repensé à eux. Abou et Kadi me gardaient à l'abri de la politique en Sierra Leone, mais j'avais appris par Internet qu'un tribunal spécial avait été établi à Freetown pour enquêter sur certains soldats, notamment les chefs ayant ordonné le viol, le massacre et l'amputation des mains des gens.

Que ferais-je si je devais témoigner à ce procès ? me demandais-je. Que ferais-je si je revoyais un des garçons qui m'avaient mutilée ?

Au début, je n'avais ressenti que de la colère. Je voulais voir ces quatre garçons morts. J'espérais que le tribunal les condamnerait à la peine capitale.

Mais la colère me rendait malade et, avec le temps, j'avais compris que leur enlever la vie ne résoudrait rien. C'étaient des jeunes, comme moi, qui avaient été entraînés dans quelque chose qu'ils ne contrôlaient pas. Dans la brousse, peut-être avaient-ils pensé à leurs parents et à leurs sœurs ; peut-être s'étaient-ils sentis seuls et terrifiés comme moi.

J'avais pris conscience du fait que, même si je le voulais, je ne pouvais rien faire. Même si ces garçons s'étaient trouvés devant moi, je n'aurais pas été capable de les blesser ni avec des mots ni avec des gestes. Ils passeraient peut-être quelque temps en prison, mais jamais je ne me permettrais de les faire souffrir. Je préférais les imaginer debout devant moi. Je leur dirais : « J'espère que vous regrettez vraiment le mal que vous m'avez fait. Moi, je vous pardonne. »

Pendant la fin de semaine, Susan m'a téléphoné pour s'assurer que j'avais lu ses articles dans le journal.

Vers vingt heures, ce dimanche-là, assise seule dans ma chambre, j'ai composé le numéro de Susan sur mon cellulaire. Je me suis juré que, si elle ne répondait pas, je considérerais cela comme un signe et n'irais pas au bout de mon projet.

Elle a répondu.

— Allô ! c'est moi, Mariatu, ai-je dit. Vous avez passé une belle fin de semaine ?

— Très belle. Et toi ?

— Fantastique. Les filles vont bien ?

— Oui.

Elle m'avait parlé de ses deux fillettes. À présent, elle sentait que je tournais autour du pot.

— Ça va, Mariatu ?

— Je veux rencontrer Ishmael, ai-je lancé sans même me rendre compte de ce que je disais.

— Je dois pouvoir arranger ça, m'a-t-elle répondu.

Trois jours plus tard, j'étais assise devant une grande et vieille église au centre de Toronto avec Abou, Kadi et Susan. L'attaché de presse d'Ishmael nous avait dit que nous pourrions le rencontrer en privé avant son discours et sa séance de dédicace.

En le voyant, j'ai poussé un soupir de soulagement. Il ne ressemblait pas du tout aux garçons de Manarma. Il avait le visage carré, le front haut et les cheveux frisés. C'était un ex-enfant soldat; pourtant, aussi étrange que cela ait paru, j'ai aussitôt eu l'impression d'avoir trouvé un ami.

Abou a amorcé la conversation en parlant de la cuisine sierra-léonaise.

— Je m'ennuie des feuilles de manioc et des piments forts, a-t-il plaisanté en mordant dans un sandwich acheté dans un café.

Ishmael m'a demandé si je connaissais des compatriotes à New York, où il vivait. J'en connaissais. Quelques jeunes du camp de réfugiés s'y étaient installés, et nous avons découvert que nous avions des amis en commun. Ensuite, nous avons parlé de musique. Il aimait le rap. Je préférais le hip-hop. Puis, son attaché de presse lui a signalé qu'il devait faire son discours.

— Je veux écrire un livre, lui ai-je dit au moment de nous séparer.

— As-tu un titre?

— Mmm... Peut-être *Ne renonce jamais à tes rêves*. C'est un bon titre?

— Je pense que c'est excellent.

Il a souri, puis il m'a serrée dans ses bras.

— Crois-tu que quelqu'un aura envie de lire un livre sur moi?

— Oui, a-t-il répondu. Oui.

CHAPITRE 22

Nous sommes en février 2008, et je suis de retour en Sierra Leone avec Susan, Kadi, une femme d'UNICEF Canada, et Sorious Samura, le cinéaste qui a tourné *Cry Freetown*, un documentaire sur l'invasion brutale de Freetown par les rebelles en janvier 1999. J'ai signé un contrat avec un éditeur. Susan et moi travaillons ensemble à l'écriture du livre et sommes venues en Sierra Leone pour l'achever et vérifier certains détails.

C'est le début de l'avant-midi, et nous entamons la deuxième semaine de notre séjour au pays. J'ai tout de suite reconnu l'odeur de la Sierra Leone : riches arômes de feu et d'épices, de l'océan. L'air semble briller, comme éclairé par une faible lumière fluorescente. Je suis à Freetown. En me levant ce matin, j'ai ouvert la fenêtre, je me suis penchée et j'ai respiré. Au moment où j'allais me tourner pour réveiller Kadi, mon téléphone cellulaire a sonné. Je l'ai sorti de mon sac et j'ai répondu.

C'était Sorious Samura.

— Demain, tu rencontres le président, m'a-t-il annoncé.

Il y avait des bruits de friture sur la ligne, et je n'étais pas sûre d'avoir bien entendu.

— Je ne comprends pas. Qu'est-ce que tu as dit ?

— Mariatu, je t'ai organisé un rendez-vous avec le président, demain. Le président de la Sierra Leone.

Pendant que Sorious me donnait des détails sur cette rencontre avec le président Ernest Bai Koroma, notamment sur la façon dont je devais me présenter devant le chef de mon pays d'origine, j'ai repensé à ce jour, neuf ans plus tôt, où j'avais entendu pour la première fois le mot « président ». La voix de Sorious a interrompu le flot de mes pensées.

— Tu m'écoutes, Mariatu ?

— Oui, je t'écoutais. Mais je ne vois pas pourquoi je rencontrerais le président.

— Tu n'as qu'à lui raconter ton histoire, m'a-t-il répondu d'une voix douce. Peux-tu faire ça ?

— Je vais y réfléchir, ai-je murmuré après un long moment. Je vais essayer de me rappeler.

Lorsque j'ai raccroché, je n'avais plus envie de parler à personne. J'étais trop angoissée. Qu'allais-je pouvoir dire au président ? Et pourquoi voudrait-il m'écouter ?

Susan, Kadi et moi devions aller rencontrer ma famille à Yonkro. Il me fallait prendre ma douche et m'habiller, sinon nous n'arriverions pas au village avant midi. La sonnerie du téléphone avait réveillé Kadi, et elle m'a demandé qui c'était en titubant vers la salle de bains.

— Sorious, ai-je répondu. Il dit que nous allons rencontrer le président demain.

— Bien, a-t-elle dit en fermant la porte. Il est allé à l'école avec mon frère. Je serai contente de le revoir, a-t-elle ajouté d'un ton nonchalant.

Puis, j'ai entendu le bruit de l'eau qui coulait.

Pendant un moment, j'ai ri toute seule en pensant que, en Sierra Leone, tout le monde était parent avec Abou et Kadi ou les connaissait. Mais la perspective de la rencontre avec le président m'a de nouveau assaillie. Le fait qu'il ait été un ami du frère de Kadi ne me rassurait pas vraiment. J'ai à peine ouvert la bouche pendant tout le trajet vers Yonkro.

Je retournais encore dans ma tête les propos de Sorious quand nous sommes arrivées à un minuscule village aux abords de Lunsar. Lorsque nous sommes descendues de l'autobus, les enfants et quelques femmes du village ont entonné un chant de bienvenue.

— Mariatu! C'est toi, Mariatu?

Je me suis retournée brusquement en reconnaissant la voix de ma grand-mère. Elle avançait en traînant les pieds sur le chemin de terre, une jupe africaine enroulée autour d'elle, un foulard bleu pâle sur la tête.

Elle avait tellement vieilli depuis notre dernière rencontre! Elle avait le visage strié de rides et les yeux enfoncés, et elle avait perdu plusieurs dents. Je me suis aperçue que le long bâton qu'elle tenait dans ses mains ne l'aidait pas seulement à marcher, mais aussi à sentir où elle allait.

— Je suis ici, grand-maman!

Je me suis élancée pour la serrer dans mes bras. Nous nous sommes étreintes, puis elle a pris mon visage entre ses mains.

— Je pensais que tu ne reviendrais jamais, a-t-elle dit en pleurant. Mais tu es là.

— Je voulais faire la surprise à tout le monde, grand-maman.

Ses yeux bruns semblaient bleus à cause de cataractes, comme je l'ai appris. Au Canada, on soigne facilement ce genre de problème, mais pas chez les pauvres gens de Sierra Leone. J'ai compris que ma grand-mère était désormais aveugle.

Je n'avais informé personne de mon retour. Un mois plus tôt, j'avais consacré une partie de l'à-valoir que m'avait donné la maison d'édition à l'achat de vêtements, de chaussures, de dentifrice, de savon et de parapluies. J'en avais envoyé une caisse pleine en Sierra Leone. Après cela, j'avais parlé à Marie et à Alie au téléphone sans jamais leur dire que j'étais sur le point de les revoir pour la première fois depuis mon départ, six ans auparavant. Je ne voulais pas qu'ils se mettent à préparer de grandes fêtes, qu'ils utilisent le peu d'argent qu'ils avaient pour prendre un minibus et venir m'accueillir à Freetown. J'avais plutôt envie de les gâter.

Nous nous sommes frayé un chemin parmi les chanteurs, et j'ai guidé ma grand-mère vers un petit banc de bois à côté de la hutte de ma mère. Quatre chiots se sont blottis à nos pieds.

J'ai posé ma tête sur les genoux de grand-maman, comme je le faisais quand j'étais petite. Elle m'a caressé les cheveux et m'a demandé de lui raconter ma vie au Canada. Je lui ai parlé de Kadi et d'Abou, et de tout ce qu'ils avaient fait pour moi. J'ai fondu en larmes quand j'ai relevé la tête et regardé ses yeux vitreux.

— Grand-maman, depuis très longtemps, je veux te parler de quelque chose. Te rappelles-tu m'avoir dit que, quand on rêve d'huile de palme, le sang coulera avant la fin de la journée?

— Je me rappelle.

— J'ai fait ce rêve la nuit avant la venue des rebelles.

— Raconte-le-moi.

Pendant l'heure qui a suivi, plus rien d'autre n'a existé. Je lui ai décrit mon rêve, les rebelles, les visages des garçons. Je lui ai parlé du viol et d'Abdul. Je lui ai dit comment je m'étais reproché et me reprochais encore sa mort. Je lui ai parlé du camp d'amputés et de la mendicité. Je lui ai raconté mon voyage à Londres, puis à Toronto.

Quand je me suis tue, elle et moi sommes restées assises à l'ombre, à écouter chanter les coqs. Quelques enfants du village jouaient à cache-cache pendant que deux gamins poussaient une roue de métal avec un bâton.

— Qu'aurais-tu fait si tu avais été à Manarma avec moi? ai-je demandé à ma grand-mère.

— Si j'avais été là le matin après ton mauvais rêve, j'aurais fait ce qu'on a coutume de faire, m'a-t-elle répondu après avoir réfléchi. J'aurais jeté un sort pour chasser ces démons.

— Quel genre de sort, grand-maman?

— Nous serions allées au lac ensemble et nous aurions lancé une grosse pierre au milieu de l'eau dormante. Nous aurions demandé aux esprits autour de nous de laisser ces démons dans nos têtes et de ne pas leur permettre de prendre la forme des rebelles.

— Alors, tu m'aurais crue?

— Oui. Mais, tu sais, Mariatu, les choses ne sont plus pareilles depuis la guerre. Et les sorts de sorcière ne peuvent changer le passé. J'aurais aimé qu'un sort t'évite l'agression dont tu as été victime. Mais tu as transformé ta blessure et ta souffrance en quelque chose de positif. Quand ces démons réapparaissent, pense à tous les anges qui sont intervenus dans ta vie depuis.

Sulaiman était un de ces anges, de même que Fatmata, Kadi, Adamsay, Abibatu, Mohamed et tant d'autres. Sulaiman était mort pendant les fêtes de Noël. Il s'était réveillé un matin avec la poitrine oppressée. Il respirait bruyamment et toussait, incapable de sortir de son lit. Il n'avait pas pu se rendre à sa boutique, où il vendait du fil, des aiguilles et des biscuits. Il était plutôt resté alité toute la journée. Mariatu, sa femme, lui épongeait le front avec un linge humide.

Sa respiration était devenue de plus en plus sifflante, et une douleur lancinante courait dans ses bras. Mariatu avait essayé de le nourrir avec une grosse cuiller de bois. Mais son cœur avait finalement cessé de battre.

Cette nouvelle m'avait bouleversée. Sulaiman avait à peine trente ans au moment de son décès. Il avait dépensé tout son argent pour nous acheter des médicaments, à mes cousins et à moi, après l'attaque des rebelles; il n'avait plus rien pour payer le médecin ou les médicaments dont il avait besoin.

Quand j'ai appris sa mort, j'ai offert de payer la cérémonie funéraire du quarantième jour. En Sierra Leone, nous pleurons nos morts par des cérémonies tenues au moment de l'enterrement, et de nouveau quarante jours, puis un an plus tard. Le corps de Sulaiman était enterré à Yonkro, où mon père, Marie, Abibatu et lui avaient grandi. Il reposait auprès de mon père, mort de vieillesse pendant que j'étais au Canada.

J'ai laissé ma grand-mère et me suis faufilée dans une allée entre deux huttes. J'ai émergé dans un espace ouvert où des femmes faisaient bouillir du riz et du poulet dans de grandes marmites posées sur plusieurs feux. Mariatu était là, toute vêtue de noir en signe de deuil.

Quelques femmes préparaient un dessert traditionnel sierra-léonais en roulant du riz dans du sucre. J'ai tendu une boulette à Mariatu.

— Je suis désolée du malheur qui s'abat sur toi, ai-je dit en baissant les yeux.

— Sulaiman n'a jamais regretté de t'avoir aidée. Pas une seule fois, m'a-t-elle répondu avec bonté, comme si elle savait combien je me sentais coupable.

Au fil des ans, ma mère avait mis dix enfants au monde. Elle avait toujours l'air jeune, mais elle était maigre, trop maigre. Sa jupe africaine était sale et son t-shirt avait un accroc sur une épaule. Je me suis sentie gênée de me présenter devant elle avec mes anneaux argentés aux oreilles et mon boubou neuf blanc, bleu et rose. Kadi me l'avait acheté à Freetown, et je devais le porter aux funérailles de Sulaiman.

Je n'avais jamais vu ma sœur cadette, Mabinty, mais n'importe qui aurait pu deviner au premier coup d'œil notre lien de parenté. Quand ma mère nous a présentées l'une à l'autre, j'ai eu l'impression de reconnaître mes propres yeux bruns, de voir mon propre sourire éclairer son visage de huit ans. Nous nous sommes étreintes en riant. Mais, une minute plus tard, elle s'est mise à pleurer.

— Je suis malade, Mariatu, m'a-t-elle dit entre ses larmes. Je respire mal, comme Sulaiman. Je dois parfois passer toute la journée dans la hutte sans bouger.

Je me suis demandé si elle souffrait d'asthme, une maladie dont j'avais entendu parler en Occident. Dans ce village éloigné, à mi-chemin entre Port Loko et Lunsar, et bien à l'écart de la route principale, j'étais certaine qu'elle n'avait jamais vu de médecin. Sa vie devait être en tout point semblable à celle que j'avais vécue avant 1999, avant les rebelles.

Elle a séché ses larmes et m'a fait visiter le village. Elle m'a raconté que, avant sa naissance, les rebelles avaient incendié toutes les huttes de Yonkro. Les hommes du village avaient tout reconstruit, une brique d'argile après l'autre.

De retour au centre du village, nous nous sommes assises à l'ombre d'une hutte et avons écouté un imam itinérant réciter des versets du Coran pour marquer la disparition de Sulaiman.

— Il vaut mieux avoir une chèvre et un poulet que donner naissance à une fille, disait-il aux dix hommes assis en cercle autour de lui.

Je suis allée rejoindre les femmes. « Beaucoup de choses ont changé, grand-maman, mais certaines sont restées pareilles », ai-je pensé.

Je suis devenue de plus en plus silencieuse à mesure que les heures passaient à Yonkro. Tout ce que je voyais tourbillonnait dans ma tête : ma famille dépenaillée, au regard triste, les légumes flétris dans les champs parce que, avec le réchauffement planétaire, la saison des pluies ne dure plus que quelques semaines par année au lieu de quelques mois. Je n'avais jamais remarqué cela quand je vivais en Sierra Leone. Mais j'habitais maintenant dans un pays où chaque famille possédait deux voitures, achetait des vêtements neufs tous les mois et mangeait régulièrement au restaurant.

Sur le chemin du retour vers Freetown, j'ai regardé par la fenêtre les herbes à éléphant et les manguiers oscillant dans la brise. Je pensais à Ibrahim, qui vivait désormais en Guinée, où il cherchait en vain du travail. Adamsay, à présent mère d'une fillette de cinq ans appelée Kadija, habitait encore dans le petit village aux abords de Masaika. Elle n'avait jamais quitté le pays. Aucun groupe d'aide humanitaire ne s'était de nouveau intéressé à elle. Elle vivait des produits d'une petite ferme dont elle vendait le surplus au bord de la route principale. Elle voulait envoyer sa fille à l'école, mais n'avait pas d'argent pour payer les frais d'inscription et l'uniforme. Malgré tout, elle ne s'était jamais plainte de sa vie devant moi.

— Tu me manques tellement! m'avait-elle dit quand nous nous étions vues. J'espère que tu as fait ce que Marie attendait de toi : toujours regarder en avant!

La route est devenue encombrée de garçons à moto, de femmes et d'enfants vendant des mangues, des noix de coco et des plantains, qu'ils transportaient dans de gros bols sur leur tête. J'ai demandé au chauffeur du minibus d'arrêter à Waterloo, une petite banlieue de Freetown, où je voulais rendre visite à Mohamed.

Comme tous les autres, Mohamed a été époustouflé en me voyant. Au début, il a eu l'air perplexe. Je ne pensais pas avoir tellement changé, mais j'avais maintenant des cheveux lisses qui m'arrivaient aux épaules et j'étais un peu plus ronde qu'à notre dernière rencontre. Et je portais de jolis vêtements, non plus les machins défraîchis donnés par le père Maurizio.

— Oui, c'est bien moi, ai-je dit en riant.

Il m'a saisie par le bras et m'a tirée vers lui. Nous sommes restés longtemps ainsi. Il était si musclé que, s'il avait vécu en Amérique du Nord, je lui aurais dit en plaisantant qu'il devait s'entraîner tous les jours au gym. Il arborait, comme toujours, un grand sourire découvrant ses dents parfaitement blanches.

Les yeux brillants, il a pris Safia, sa fille de quatre mois, sur ses genoux. Elle portait une robe fraîchement repassée en coton bleu et avait une boucle de la même teinte dans les cheveux.

— Le croirais-tu ? Je suis tombé amoureux, m'a-t-il confié, rayonnant.

Je n'en revenais pas. Dans mon cœur, Mohamed restera toujours ce cousin plus âgé, blagueur, qui me tirait les cheveux et me volait ma nourriture.

Il habitait dans une des petites huttes de ciment qu'un groupe d'aide humanitaire étranger avait données à quelques victimes de la guerre. Il m'a fait faire le tour de Waterloo. Comme Aberdeen, l'endroit avait été, pendant la guerre, un camp pour personnes déplacées amputées. Les caniveaux débordaient de boîtes de conserve vides et de carcasses de chiens et de chats.

— Je mendie toujours à la tour de l'horloge, m'a-t-il dit. Mais nous gagnons moins d'argent qu'avant. Nous sommes tellement nombreux dans les rues que les gens d'affaires passent généralement leur chemin sans rien nous donner. Les filles et les garçons qui rentrent de l'école dans leurs uniformes crachent sur nous.

Contrairement à son habitude, Mohamed est devenu hargneux quand Sorious, qui s'était joint à nous, a commencé à filmer.

— Ils se sont servis de nous, a-t-il persiflé. À Aberdeen, le gouvernement a utilisé les jeunes pour attirer l'attention des médias et se faire donner de l'argent par les pays étrangers. On n'en a jamais vu la couleur. Tout ce qu'on a, c'est ça !

D'un geste, il a indiqué les huttes. Ces habitations d'une pièce étaient protégées de l'ardeur du soleil par les manguiers, mais il n'y avait aucune terre cultivable à proximité, et Waterloo se trouvait à une demi-journée de marche du centre de Freetown et de la tour de l'horloge.

Quatre ans auparavant, quelques membres de la troupe de théâtre avaient organisé une marche et bloqué les rues de Freetown pendant une journée complète. Ils brandissaient des pancartes sur lesquelles ils demandaient au président d'écouter leurs doléances. « Nous voulons étudier, avoir un but dans la vie ! » était-il écrit sur les affiches. De nombreux amputés, dont Mohamed, avaient participé à la manifestation. Il était dans la première rangée et avançait avec d'autres amputés, bras dessus, bras dessous, quand le groupe de mille personnes avait tourné en direction du palais présidentiel.

— Il ne s'est rien passé, nous a-t-il dit avec colère. Le gouvernement n'a rien fait. Il s'est contenté de nous regarder nous époumoner pour être entendus... Vous savez, a-t-il repris après avoir réfléchi un instant, ici, les enfants jouent à la guerre. Ils font semblant de tirer et de tuer les rebelles qui ont coupé les mains de leurs parents. Détourne-toi, Mariatu, a-t-il murmuré. Rentre au Canada et ne regarde pas en arrière.

À Freetown, Kadi, Susan et moi logions au Barmoi, un hôtel flambant neuf offrant tout le confort occidental — un service de buanderie, la télévision, l'air conditionné et un restaurant servant des pizzas et des spaghettis. L'hôtel était protégé, et au moins quatre hommes en uniforme montaient la garde vingt-quatre heures sur vingt-quatre. Un haut mur de ciment surmonté de barbelés entourait l'édifice.

Une semaine avant notre arrivée, David Beckham, la superstar de soccer, avait séjourné dans cet hôtel alors qu'il était en visite au nom de l'UNICEF. À présent, l'endroit était bondé d'hommes d'âge moyen parlant avec un accent australien, américain ou britannique. Ils étaient venus travailler avec les nombreuses organisations caritatives établies à Freetown ou conseiller le gouvernement sur la mise au point d'un système fiscal.

En Sierra Leone, j'ai appris que notre pays se classe au dernier rang de l'index du développement humain des Nations unies. Au cours de la première semaine de mon séjour, je me suis jointe aux représentants de l'UNICEF pour aller visiter les projets de l'organisation dans l'est du pays. J'ai vu bien des gens pauvres, j'ai tenu leurs bébés dans mes bras.

J'ai ri et j'ai pleuré. J'ai appris que, en Sierra Leone, moins d'enfants fréquentent l'école que dans n'importe quel autre pays. L'espérance de vie y est moins élevée que partout ailleurs ; les adultes ont de la chance quand ils atteignent quarante ans alors que, au Canada, les gens peuvent vivre en bonne santé jusqu'à quatre-vingt-dix ans. La Sierra Leone exporte très peu de produits pouvant générer des revenus. Comme Yabom me l'avait expliqué, le pays possède pourtant beaucoup de ressources, notamment des diamants, de la bauxite, de l'or, du fer et du manganèse, de même que de l'eau douce et du poisson. Mais ce sont les étrangers qui empochent presque tous les profits.

« Si j'étais millionnaire, ai-je pensé, je louerais un minibus, j'irais chercher Mohamed, Mabinty, Adamsay, Memunatu, Marie, Alie, Ibrahim, grand-maman et tous les autres, et je les mettrais à bord d'un avion à destination de Toronto. Mais je ne le suis pas. Alors, comment puis-je aider ma famille ? Que puis-je faire pour les gens de Sierra Leone ? »

Le livre d'Ishmael m'avait donné envie de raconter mon histoire. « Ce qu'il nous faut maintenant, c'est l'histoire d'une fille qui a connu la guerre », avait-il déclaré dans le discours qu'il avait prononcé à Toronto. Je m'étais sentie survoltée en entendant ces paroles. J'avais l'impression d'avoir trouvé le but que je cherchais. Je pourrais faire ma part en parlant au monde de la guerre, de la famille, de la condition des filles en Sierra Leone.

Mais voilà qu'une partie de moi voulait suivre le conseil de Mohamed, fuir loin, très loin, et ne jamais revenir. Mon histoire n'était qu'une parmi des milliers d'histoires semblables en Sierra Leone. En quoi différait-elle des autres ?

Une autre partie de moi voulait rester en Sierra Leone avec ma famille, vivre à Yonkro ou dans le petit village aux abords de Masaika. Si la guerre n'avait pas fait irruption dans ma vie, je serais peut-être encore à Magborou, mariée avec un garçon appelé Musa. Je me sentais en pleine confusion après avoir vu ma grand-mère et Mohamed.

Je suis sortie et je me suis affalée sur une des chaises entourant la piscine étincelante de l'hôtel. Une minute plus tard, un petit oiseau posé au sommet d'un treillage a attiré mon attention. Il était brun et jaune, comme celui qui était tombé du ciel un jour lointain, à Magborou.

— Que dois-je faire ? ai-je demandé au tisserin.

Il a gazouillé trois fois avant de prendre son envol. Je me suis alors rappelé ma fuite après l'attaque des rebelles, ma longue marche solitaire dans la brousse, les chiens qui jappaient et les cobras qui crachaient. J'ai revu le visage hagard de l'homme qui m'avait conduite à la route d'argile de Port Loko. Je voyais encore ses mains trembler quand il m'avait tendu la mangue.

J'ai alors compris ce que je devais faire. Je n'ai peut-être plus de mains, mais j'ai une voix. Et peu importe combien je suis heureuse au Canada, mon premier chez-moi sera toujours la Sierra Leone. Le cœur de mon pays est le cœur des gens qui m'ont aidée à me voir non comme une victime, mais comme une personne encore capable de faire des choses importantes dans ce monde.

Je me suis levée, je suis montée à ma chambre au deuxième étage et j'ai ouvert ma valise. J'ai prix le boubou officiel rouge et or que Kadi m'avait confectionné à Toronto. Je l'ai défroissé, puis j'ai sorti de mon sac de voyage un écrin contenant une paire de pendants d'oreilles en or.

— Oui, ai-je dit à voix haute dans la chambre déserte. Demain, je rencontrerai le président. Je parlerai au nom de toutes les personnes de la Sierra Leone dont on n'entend pas la voix.

En moi, quelque chose avait changé. Je savais maintenant que je pouvais regarder à la fois en avant *et* en arrière. Sans regret.

Pour en savoir plus sur Mariatu et le travail qu'elle accomplit en Sierra Leone, visitez le site www.mariatufoundation.com.

La Sierra Leone

De 1991 à 2002, la Sierra Leone, un pays situé sur la côte ouest de l'Afrique, a connu une guerre civile d'une grande brutalité. Des rebelles armés du Front révolutionnaire uni (RUF) ont détruit des villages et des fermes. Ils ont violé, mutilé et assassiné des milliers de femmes et d'enfants.

Aujourd'hui, la Sierra Leone est l'un des pays les plus pauvres de la planète. Dans les régions rurales, les gens gagnent en moyenne moins d'un dollar par jour; l'espérance de vie est de quarante ans seulement, et la majorité des enfants ne fréquentent pas l'école régulièrement.

Les femmes et les enfants ont été particulièrement frappés par la guerre. La vie de village traditionnelle, où les femmes étaient traitées avec respect par les hommes, les familles et la communauté en général, n'existe plus. À cause de la pauvreté engendrée par le chômage, un grand nombre de femmes sont désormais continuellement victimes d'abus sexuel, de violence physique et psychologique. Incapables de subvenir aux besoins de leur famille grâce à l'agriculture ou à d'autres emplois, les hommes se sentent exclus et deviennent agressifs. Les enfants, surtout les filles, sont souvent violées par des hommes plus âgés, et forcées de contracter des mariages précoces.

MARIATU KAMARA est née et a grandi en Sierra Leone. Son récit, *Le sang de la mangue*, porte sur ses expériences atroces en tant qu'enfant victime de la guerre et sur ce qu'elle a vécu par la suite.

Aujourd'hui, Mariatu étudie à l'université, à Toronto. Elle a été désignée comme représentante spéciale de l'UNICEF pour les enfants dans les conflits armés; à ce titre, elle s'adresse à des groupes un peu partout en Amérique du Nord et leur parle de ses expériences. Avant son engagement auprès de l'UNICEF, elle a pris publiquement la parole au nom de Free the Children, un groupe sans but lucratif.

Plus tard, elle aimerait travailler pour les Nations unies ; elle voudrait amener les gens à réfléchir aux conséquences de la guerre sur les enfants, et recueillir, au moyen de sa propre fondation, des fonds qui serviront à construire un centre d'accueil, ou même plusieurs centres, pour les femmes et les enfants sierra-léonais victimes d'abus. Elle prévoit également réunir plusieurs membres de la troupe de théâtre d'Aberdeen, envers qui elle se sent redevable de sa propre guérison. Elle voudrait faire de ce projet un programme suivi afin de favoriser la paix auprès des jeunes, comme elle l'apprend en travaillant avec l'UNICEF et d'autres organisations.

Durant son temps libre, Mariatu aime écouter de la musique, cuisiner, magasiner, parler au téléphone, regarder des films et aller à des fêtes. La plupart du temps, elle préfère rester chez elle avec sa famille et ses amis intimes. Elle se sent déchirée entre ses deux amours : la Sierra Leone et Toronto. Elle voudrait pouvoir vivre aux deux endroits en même temps.

SUSAN McCLELLAND est une journaliste pigiste vivant à Toronto. Ses articles ont été publiés dans *Maclean's, Reader's Digest, More, Chatelaine, Canadian Living, The Walrus, Today's Parents* et *The Globe and Mail.* Elle a été lauréate et finaliste de nombreux prix de journalisme d'enquête et de reportages, dont le prix National Magazine et celui de l'Association canadienne des journalistes. Cette récipiendaire du Prix de journalisme d'Amnistie internationale en 2005 écrit surtout sur des sujets concernant les femmes et les enfants. Pour connaître tous les détails de sa biographie et lire certains de ses articles, visitez le site www.susanmcclelland.com.

Table des matières